Unhabitable
Habitable
By the Antients
Antients
The Arctick Circle
The Tropick of Cancer
Equinox
Solstitial Colure
OCEANUS OCCIDENTALIS
ATLANTICUS
AFRICA
PERSIA
Arabian Sea
Coast of Ajan
Zocotora
Bombay
Blood hous
The Sea of Tartary

PRESENTED TO

BY

आशा

रिच डेवॉस

अनुवादक : डॉ. सुधीर दीक्षित

का संदेश

जीवन के 10 सबक़

मंजुल पब्लिशिंग हाउस

First published in India by

MANJUL

Manjul Publishing House Pvt. Ltd.
Corporate Office: 2nd Floor, Usha Preet Complex,
42 Malviya Nagar, Bhopal 462 003 - India
E-mail: manjul@manjulindia.com Website: www.manjulindia.com

Registered Office: 10 Nishat Colony, Bhopal 462 003 - India

Distribution Office:
SV Book Supply Company Pvt. Ltd.
7/32, Ground Floor, Ansari Road, Daryaganj, New Delhi 110 002
Email: booksupplyco@gmail.com

Hindi language translation of
Hope From My Heart by *Rich DeVos*

This edition first published in 2006
Third impression 2011

This book is originally published in the United States by J. Countryman®,
a division of Thomas Nelson Inc., Nashville, Tennessee 37214
titled Hope From My Heart by Rich DeVos

ISBN 978-81-86775-84-4

Translation by Dr. Sudhir Dixit

Printed & bound in India by Manipal Technologies Limited

यह पुस्तक उन लोगों को समर्पित है जिन्होंने मुझे आशा दी,
मुझसे प्रेम किया और मेरी मदद की,
उस वक़्त जब जीवन में मेरी गति धीमी पड़ रही थी।

वे सब वहाँ थे
शरीर से भी और प्रार्थना में भी :

सैंतालीस साल से मेरी पत्नी हेलन;

हमारे बच्चे और उनके जीवनसाथी :
डिक और बेट्सी, डैन और पैम, चेरी और बॉब, डग और मारिया

हमारे नाती-पोतेः
रिक, एलिसा, एन्ड्रिया और रयान (डिक और बेट्सी के पुत्र-पुत्री);
कैसेन्ड्रा, सिडनी और कोल (डैन और पैम के पुत्र-पुत्री);
हान्ना, केटलिन, बेंजामिन, और जेसा (चेरी और बॉब के पुत्र-पुत्री); और
डाल्टन, माइकैला, मॉन्ट्यू और ऑलीविया (डग और मारिया के पुत्र-पुत्री);

साथ ही वे असंख्य लोग भी, जिन्होंने मेरे लिये प्रार्थना की।

होप फ्रॉम माई हार्ट की प्रशंसा में

"एक अनुकरणीय व्यक्ति द्वारा लिखी गई एक अनुकरणीय छोटी सी पुस्तक। वे हमें बताते हैं कि उनसे अपनी जिजीविषा को साबित करने की अपेक्षा की गई थी। उन्होंने ऐसा कर दिखाया और यह हमारी खुशक़िस्मती है कि वे जीवित हैं।"
—विलियम एफ. बकले जूनियर, गॉड एंड मैन एट येल, सेविंग द क्वीन, स्टेन्ड ग्लास और ओवरड्राइव के बेस्टसेलिंग लेखक

"एक उल्लेखनीय व्यक्ति की जीवनयात्रा की रोचक दास्तान, जो आशा और आस्था से भरी है। मुझे यह पुस्तक बेहद पसंद आई!"
— जूरी कॉलेन्जेलो, एन बी ए फीनिक्स सन्स के स्वामी

"रिच डेवॉस मेरी राय में सबसे बुद्धिमान व्यक्तियों में से एक हैं और होप फ्रॉम माई हार्ट में वे अपने ज्ञान को सशक्त तरीक़े से अभिव्यक्त करते हैं। मैं दिल से इसकी अनुशंसा करता हूँ। इसमें जीवन के महान सबक़ भरे हैं।"
— चार्ल्स डब्ल्यू. कोल्सन, प्रिज़न फैलोशिप मिनिस्ट्रीज़

"बेहद प्रेरणादायक, बुद्धिमत्तापूर्ण, जीवन बदलने वाली पुस्तक! इन पन्नों में सशक्त सबक़, जीवन बदलने वाले क्षण और व्यक्तिगत ईश्वरीय कृपा के अनुभव हैं – ये सभी हमें आमंत्रित करते हैं कि हम उस बेशक़ीमती उपहार का नये सिरे से अवलोकन करें, जिसे हम जीवन कहते हैं।"
— डॉ. स्टीफन आर. कोवी, द सेवन हैबिट्स ऑफ हाईली इफेक्टिव पीपुल के बेस्टसेलिंग लेखक

"होप फ्रॉम माई हार्ट: टेन लेसन्स फॉर लाइफ" ने मुझे चुनौती दी कि मैं अपने व्यक्तिगत मूल्यों की सूची की सटीकता और इसकी वर्तमान प्रासंगिकता का अवलोकन करूँ।"
—जूलियस अरविंग, सदस्य, एन बी ए हॉल ऑफ फेम

"यह पुस्तक उन सिद्धांतों की ज्ञानवर्धक और प्रेरणादायक मार्गदर्शिका है, जिन्होंने रिच डेवॉस को असाधारण बिज़नेसमैन और राष्ट्रीय लीडर बनाया तथा जिनके सहारे उन्होंने एक ऐसा अमेरिका बनाने का प्रयास किया, जहाँ स्वतंत्रता, आस्था और परिवार फलें–फूलें।"
— एडविन जे. फ़्यूलनर, प्रेसिडेंट, द हेरिटेज फाउंडेशन

"यह मज़ेदार है, ज्ञानवर्धक है, प्रेरणादायक है। एक महान पुस्तक।"
— बेट्टी फोर्ड, अमेरिका की पूर्व प्रथम महिला

"शक्ति, शोहरत और दौलत के लक्ष्यों को हासिल करने वाला यह मनुष्य उन जीवनमूल्यों के स्रोत प्रकट करता है, जिनसे उसे शक्ति मिली। मैं दुनिया के कई देशों के 550 लीडर्स को यह पुस्तक भेंट करने की योजना बना रहा हूँ।
—जॉन एडमंड हैगेई, संस्थापक और चेयरमैन, हैगेई इंस्टीट्यूट

"प्रेरणा और प्रोत्साहन के लिये अमेरिकियों को इस पुस्तक की ज़रूरत है – और यह किस–तरह–करें की पुस्तक उनके सपनों को सच कर सकती है।"
— पॉल हार्वे, होस्ट, पॉल हार्वे न्यूज़

"यह पुस्तक मेरे द्वारा पढ़ी गई सबसे रोचक और बाँधे रखने वाली पुस्तकों में से एक है। मैं ईमानदारी से कह सकता हूँ कि यह पाठकों के दिल को छू लेगी।"
—रिचर्ड हेमैन, द बोस्टन पॉप्स ऑर्केस्ट्रा के मुख्य अरेंजर

"होप फ्रॉम माई हार्ट: टेन लेसन्स फॉर लाइफ" हर उस आदमी की बुकशेल्फ़ में रखी होना चाहिये, जो यह सवाल पूछता है कि जीवन में क्या महत्वपूर्ण है। सिर्फ़ 'सम्मान' वाला अध्याय ही पुस्तक की पूरी क़ीमत वसूल करा देता है।"

—एच. वेन ह्यूज़ेंगा, ह्यूज़ेंगा होल्डिंग्स, इन्क.

"जीवन के दस सबक़ सिखाने के लिये बहुत कम लोग रिच डेवॉस जितने योग्य होंगे, क्योंकि उन्होंने अपने जीवन में अधिकांश लोगों की तुलना में बहुत ज़्यादा समस्याओं का सफलतापूर्वक सामना करने की अपनी क्षमता को सिद्ध किया है।"

— डॉ. जेम्स केनेडी, पी. एच. डी.., सीनियर मिनिस्टर, कॉरल रिज प्रेस्बाइटेरियन चर्च

"शुद्ध ज्ञान देने वाली पुस्तक, जो अमेरिका के महानतम उद्यमियों में से एक की जीवनमूल्यों के प्रति गहरी प्रतिबद्धता को प्रकट करती है।"

—हार्वे मैके, स्विम विथ द शार्क्स और पुशिंग द एनवेलप के बेस्टसेलिंग लेखक

"एक प्रेरणादायक आत्मकथात्मक दस्तावेज़, जो असफलताओं और मुश्किलों के बारे में है। हमारे पास ये चीज़ें बहुतायत में हैं।"

— माइकल नोवाक, अमेरिकन एंटरप्राइज़ इंस्टीट्यूट, टेल मी व्हाई: ए फादर आन्सर्स हिज़ डाटर्स क्वश्चन्स अबाउट गॉड के लेखक

"यह प्रतिभाशाली बिज़नेसमैन और असाधारण व्यक्ति गहराई में जाता है और उत्कृष्टता की रोचक खोज के अपने स्रोत प्रकट करता है। होप फ्रॉम माई हार्ट एक बेशक़ीमती रत्न है।"

—टॉम पीटर्स, इन सर्च ऑफ एक्सीलेंस के बेस्टसेलिंग लेखक

"जो सबक़ रिच डेवॉस इस पुस्तक में हमें सिखाते हैं, वे कोरे सिद्धांत नहीं हैं। वे तो उस इंसान के सच्चे प्रतिबिंब हैं, जिसे मित्र और रोल मॉडल के रूप में जानने का मुझे सौभाग्य मिला है।"

—बॉबी रिचर्डसन, न्यूयॉर्क यान्की सेकंड बेसमैन, 1955-66

"मुझे आशा है कि करोड़ों लोग इस पुस्तक को पढ़ेंगे और रिच के साहस तथा ईश्वर में उनकी आस्था की शक्ति से उसी तरह प्रभावित होंगे, जिस तरह मैं हुआ था — यही उनकी सफलता की आधारशिला है।"

—हाइरम डब्ल्यू. स्मिथ, वाइस चेयरमैन, फ्रैंकलिन कोवी कंपनी

"डेवॉस ने एक ऐसी प्रेरणादायक गाइड लिखी है, जिसके सहारे कोई भी व्यक्ति सफल होने की इस तरह कोशिश कर सकता है, ताकि सफलता उसे बर्बाद न कर दे।"

—डेविड स्टर्न, एन बी ए कमिश्नर

"यह गाइडबुक करोड़ों युवाओं को प्रेरित कर सकती है कि वे आध्यात्मिक संपत्ति का आनंद लें, जो उन्हीं लोगों को हासिल होती है, जो अपने गुणों का प्रयोग दूसरों को लाभ पहुँचाने के लिये करते हैं। रिच डेवॉस अपने ज्ञान के मोती प्रदान करते हैं, ताकि आपका जीवन एक सुखद वरदान बन जाये।"

—सर जॉन टेम्पलटन, टेम्पलटन इन्वेस्टमेंट फंड के संस्थापक

विषयवस्तु

आभार

यह पुस्तक लिखने में बहुत से लोगों ने मेरी मदद की है और मैं तहेदिल से उनका शुक्रिया अदा करना चाहता हूँ। मैं अपनी प्रिय पत्नी हेलन का सबसे अधिक आभारी हूँ, जिन्होंने इस पुस्तक के अधिकांश अनुभवों को मेरे साथ जिया है। उन्होंने कई बहुमूल्य सुझाव दिये और संपादन में महत्वपूर्ण भूमिका निभाई।

मैं कुछ अन्य लोगों को भी धन्यवाद देना चाहता हूँ, जिन्होंने विभिन्न रूपों में इस पुस्तक में अपना योगदान दिया: हमारे बच्चों डिक, डैन, चेरी और डग के अलावा डॉ. पॉल कॉन, केन रॉस, जूडिथ मारखम, किम ब्रूयन, बिली ज़ियोली, बिल पैन, एलन नेविन्स, और थॉमस नेल्सन पब्लिशर्स के जे. कन्ट्रीमैन डिवीज़न के कई अद्‌भुत कर्मचारी।

मुझे आशा है कि यह पुस्तक पाठकों के लिये सौभाग्यशाली सिद्ध होगी, जिस तरह सौभाग्य से मुझे हेलन तथा अन्य लोग मिले, जिन्होंने इसे लिखने में मेरी मदद की।

प्रस्तावना

यह व्यावहारिक ज्ञान की पुस्तक है, जिसमें मेरे सत्तर वर्ष के अनुभवों का निचोड़ है। इसमें जीवन की गहरी नसीहतें हैं, जो मैंने सीखी हैं। अपने अच्छे और बुरे दोनों तरह के अनुभवों से मुझे जो सबक़ मिले हैं, उन्हें मैं आपके साथ बाँटना चाहता हूँ और मेरा लक्ष्य है आपके जीवन में आपको आशा प्रदान करना।

पैट्रिक हेनरी ने एक बार कहा था, "मेरे पास एक ही दीपक है, जो मेरे क़दमों को राह दिखाता है और वह है अनुभव का दीपक। मैं नहीं जानता कि अतीत के अनुभव के अलावा भविष्य के बारे में निर्णय लेने का कोई और तरीक़ा भी होता है।" चूँकि मैंने व्यक्तिगत रूप से इन शब्दों की सच्चाई को सीखा है, इसलिये मैं आपको अपने अनुभव के दीपक से रोशनी का लाभ पहुँचाना चाहता हूँ। मैं आपको अपने दिल से आशा का संदेश देना चाहता हूँ।

मैं व्यावहारिक आदमी हूँ। मेरा ज़्यादातर अनुभव कॉमन सेन्स, सहजबुद्धि, अवलोकन और विरासत में मिले जीवनमूल्यों पर आधारित है। करके सीखने में और सीखकर करने में मुझे हमेशा आनंद आया है। मैंने अपने हिस्से की ग़लतियाँ भी की हैं। परंतु ईश्वर की कृपा से ज़्यादातर बार मैं सफल हुआ हूँ। मैं लाइलाज आशावादी हूँ। हालाँकि मैं कई बार नादानी भी कर जाता हूँ, परंतु मुझमें दृढ़ संकल्प कूट–कूट कर भरा है और मैं हारने के बाद भी हिम्मत नहीं हारता हूँ। बहुत पहले ही मैंने यह सीख लिया था कि आशा जीवन में अनिवार्य है और यह सफलता का आवश्यक गुण है, चाहे यह दूसरों को

सबक़ 1

सबक़ 1

साथ ऐसा होगा; परंतु यह बात तो तय है कि देर–सबेर आपमें से हर एक अपने जीवन में किसी न किसी संकट का सामना ज़रूर करेगा। जब ऐसा होगा, तो यह ज़रूरी है कि आप उसके लिये तैयार हों। आपको ईश्वर में अडिग आस्था की आवश्यकता होगी; साथ ही आपको पर्याप्त आंतरिक शक्ति की भी आवश्यकता होगी, जो आपको उस मुश्किल समय से बाहर निकाल पाये। सबसे बड़ी बात यह कि आपको आशा की ज़रूरत होगी।

आल्डस हक्स्ले ने एक बार लिखा था, "अनुभव वह नहीं है, जो आपके साथ होता है; अनुभव तो वह है, जो आप अपने साथ होने वाली घटनाओं के बारे में करते हैं।" हमारे जीवन में घटनायें निरंतर होती रहती हैं और बदलती रहती हैं। कुछ भी एक सा नहीं बना रहता। परंतु हम अपनी आस्था, अपने जीवनमूल्यों और अपने चरित्र की स्थायी नींव पर अपने जीवन का महल खड़ा कर सकते हैं। यही नींव तय करती है कि हम इन बदलती हुई घटनाओं के साथ क्या करेंगे।

आगे के अध्यायों में मैं आपको जीवन के दस सबक़ बताना चाहूँगा, जो उन जीवनदर्शनों, विश्वासों, जीवनमूल्यों और चारित्रिक गुणों के इर्द–गिर्द घूमते हैं, जो मेरे जीवन में सबसे सशक्त और मूल्यवान सिद्ध हुए हैं। मैं प्रार्थना करता हूँ कि मैंने अपने अनुभव से जो सीखा है, वह आपके लिये जीवन की राह में आशा का दीपक बन जाये।

रिच डेवॉस

ग्रीष्म 2000

कितनी ही अतार्किक, अकारण या अविवेकी लगती हो। दुनिया की सबसे प्रबल शक्तियों में से एक है उन स्त्री–पुरुषों की इच्छाशक्ति, जो खुद पर विश्वास करते हैं, जो आशा करते हैं, जो ऊँचे लक्ष्य बनाने का जोखिम उठाते हैं और जो जीवन में अपनी चाही गई मंज़िल की तरफ़ विश्वास से आगे बढ़ते हैं।

और जब मैं सफलता के बारे में बात करता हूँ, तो मैं इसे सिर्फ़ धन या पद के तराजू में नहीं तौल रहा हूँ। दरअसल मेरा विश्वास है कि सफलता ईश्वर के द्वारा दिये गुणों का यथाशक्ति सर्वश्रेष्ठ उपयोग करना है। सभी इंसानों को ईश्वर ने अलग–अलग बनाया है। मैंने अपना अधिकांश जीवन उन सकारात्मक मूल्यों और चारित्रिक गुणों को प्रोत्साहित करने में लगाया है, जो लोगों को व्यक्तिगत और आर्थिक सफलता दिलाते हैं। मेरा विश्वास है कि जीवनमूल्यों के बारे में भाषण देने से ज़्यादा सशक्त संदेश यह होता है कि आप अपने जीवनमूल्यों को जियें। अक्सर जब लोग पूछते हैं कि मैं किस तरह सफल हुआ, तो मैं जवाब देता हूँ, "मैं बस हर दिन अपने काम पर गया, मैंने अपनी क्षमताओं के अनुरूप सर्वश्रेष्ठ काम किया और ईश्वर पर भरोसा किया।" और मैंने अपने सपनों में, दूसरे लोगों में और सबसे बढ़कर, ईश्वर में कभी आशा नहीं छोड़ी ।

अनुभव सर्वश्रेष्ठ शिक्षक है। मैंने अपने जीवन में इसे बार–बार सीखा है। तीन साल पहले यह मेरे सामने और भी अधिक स्पष्ट हुआ, जब सत्तर साल की उम्र में मेरा हार्ट ट्रांस्प्लांट यानी हृदय प्रत्यारोपण हुआ। हार्ट ट्रांस्प्लांट के अनुभव से पहले आपको यह गहन मूल्यांकन करना पड़ता है कि जीवन में क्या महत्वपूर्ण है। तभी आप शारीरिक, मनोवैज्ञानिक और आध्यात्मिक रूप से बचे रह सकते हैं। मेरे हार्ट ट्रांस्प्लांट ने मेरी व्यक्तिगत आस्था और जीवनमूल्यों की शक्ति का इम्तहान लिया। मैं आशा करता हूँ कि आप इस तरह के अनुभव से बचे रहेंगे। आँकड़ों के हिसाब से आपमें से बहुत कम के

प्रस्तावना

यह व्यावहारिक ज्ञान की पुस्तक है, जिसमें मेरे सत्तर वर्ष के अनुभवों का निचोड़ है। इसमें जीवन की गहरी नसीहतें हैं, जो मैंने सीखी हैं। अपने अच्छे और बुरे दोनों तरह के अनुभवों से मुझे जो सबक़ मिले हैं, उन्हें मैं आपके साथ बाँटना चाहता हूँ और मेरा लक्ष्य है आपके जीवन में आपको आशा प्रदान करना।

पैट्रिक हेनरी ने एक बार कहा था, "मेरे पास एक ही दीपक है, जो मेरे क़दमों को राह दिखाता है और वह है अनुभव का दीपक। मैं नहीं जानता कि अतीत के अनुभव के अलावा भविष्य के बारे में निर्णय लेने का कोई और तरीक़ा भी होता है।" चूँकि मैंने व्यक्तिगत रूप से इन शब्दों की सच्चाई को सीखा है, इसलिये मैं आपको अपने अनुभव के दीपक से रोशनी का लाभ पहुँचाना चाहता हूँ। मैं आपको अपने दिल से आशा का संदेश देना चाहता हूँ।

मैं व्यावहारिक आदमी हूँ। मेरा ज़्यादातर अनुभव कॉमन सेन्स, सहजबुद्धि, अवलोकन और विरासत में मिले जीवनमूल्यों पर आधारित है। करके सीखने में और सीखकर करने में मुझे हमेशा आनंद आया है। मैंने अपने हिस्से की ग़लतियाँ भी की हैं। परंतु ईश्वर की कृपा से ज़्यादातर बार मैं सफल हुआ हूँ। मैं लाइलाज आशावादी हूँ। हालाँकि मैं कई बार नादानी भी कर जाता हूँ, परंतु मुझमें दृढ़ संकल्प कूट–कूट कर भरा है और मैं हारने के बाद भी हिम्मत नहीं हारता हूँ। बहुत पहले ही मैंने यह सीख लिया था कि आशा जीवन में अनिवार्य है और यह सफलता का आवश्यक गुण है, चाहे यह दूसरों को

आशा

विश्राम खोजो,

हे मेरी आत्मा, सिर्फ़ ईश्वर में;

मेरी आशा उसी से आती है

भजन 62:5

साइमन और ईथेल डेवॉस के घर पर ग़रीबी में जन्मे रिच डेवॉस की परवरिश सुदृढ़ जीवनमूल्यों और प्रचुर प्रेम के साथ हुई।

पहला सबक़

आशा

कोई भी ऐसा इंसान नहीं है, जिसके जीवन में समस्यायें न हों। मेरे जीवन में भी मेरे हिस्से की समस्यायें रही हैं। परंतु मैंने हमेशा अपनी सर्वश्रेष्ठ कोशिश की है कि मैं समस्याओं को चुनौतियों के रूप में देखूँ और कभी आशा का दामन न छोड़ूँ। मैंने हमेशा विश्वास किया है कि एक अच्छी चुनौती हमें नये अवसर प्रदान करती है – सीखने, विकास करने, शक्तिशाली बनने, किसी अधिक ऊँचे लक्ष्य तक पहुँचने के अवसर। और मैंने हमेशा यह विश्वास किया है कि भविष्य ईश्वर के हाथों में है।

तीन साल पहले मैं विदेश में एक अस्पताल में लेटा हुआ था। मुझे हार्ट ट्रांस्प्लांट के लिये ऑपरेशन थियेटर में ले जाया जा रहा था। मेरे बचने की संभावना कम थी। उस समय तक मैंने अपने जीवन की चुनौतियों के बारे में निर्णय ख़ुद लिये थे। मैं आम तौर पर अपनी दिशा ख़ुद तय करता था। मेरी सफलता या असफलता के लिये अक्सर मैं ख़ुद ही ज़िम्मेदार होता था। परंतु यह तय था कि इस बार नियंत्रण मेरे हाथ में नहीं था।

समस्या का पहला लक्षण लगभग चौदह साल पहले उभरा था। वह दिन भी और दिनों की तरह ही शुरू हुआ था, परंतु सुबह से ही मेरे पैर डगमगाने लगे और मुझे ऐसा लगा, जैसे मैं लगातार अपना संतुलन खो रहा हूँ। दरवाज़ों से बाहर निकलते समय मैं चौखट से टकरा जाता था। मैंने सीधे चलने की कोशिश की, परंतु इसके बावजूद मैं बायीं तरफ़ झुकता और झूलता हुआ चल रहा था।

मेरी पत्नी हेलन ने मुझसे डॉक्टर को दिखाने के लिये कहा। अपने स्थायी आशावादी स्वभाव के कारण मैंने इसका विरोध किया। मुझे लग रहा था कि मुझे सिर्फ़ थोड़े से आराम की

मैंने हमेशा विश्वास किया है कि एक अच्छी चुनौती हमें नये अवसर प्रदान करती है - सीखने, विकास करने, शक्तिशाली बनने, किसी अधिक ऊँचे लक्ष्य तक पहुँचने के अवसर।

ज़रूरत थी। परंतु हेलन नहीं मानी और आख़िरकार मैं डॉक्टर को दिखाने के लिये तैयार हो गया।

हमें उम्मीद थी कि डॉक्टर कोई गोली लिख देगा, परंतु ऐसा नहीं हुआ। इसके बजाय उसने इस बात पर ज़ोर दिया कि मैं कुछ टेस्ट करवाने के लिये तत्काल अस्पताल में भर्ती हो जाऊँ। टेस्ट रिपोर्ट देखने के बाद उसने बताया कि मुझे टी. आई. ए. का दौरा (Transient Ischemic Attack) पड़ा था। डॉक्टरों के अनुसार यह एक चेतावनी थी कि हार्ट अटैक की प्रक्रिया शुरू हो चुकी थी। डॉक्टरों ने मुझे अपनी जीवनशैली में परिवर्तन करने की सलाह दी।

अपनी संकल्पशक्ति की मदद से मैंने इस समस्या को भी चुनौती की तरह लिया। मैंने अपने आहार में परिवर्तन किया, अपना कोलेस्ट्रॉल लेवल कम कर लिया और अपनी दिनचर्या में व्यायाम को शामिल कर लिया। परंतु अपने चरित्र के अनुरूप मैं एक बार फिर से काम में जुट गया। मैं मीटिंगों में जाने, भाषण देने और अपने बिज़नेस पार्टनर जे वॉन एन्डैल के साथ एमवे चलाने के अंतहीन कार्य में एक बार फिर व्यस्त हो गया।

तीन साल बाद, चार जुलाई के वीकएंड में मैं अपने बच्चों डिक, डैन, चेरी और डग के साथ एक प्रतियोगिता में हिस्सा ले रहा था। हम अपनी पचास फुट की रेसिंग नौका विंडक्वेस्ट में सवार होकर क्वीन्स कप रेस में भाग ले रहे थे। यह रात्रिकालीन रेस मिशिगन झील में हो रही थी और विस्कॉन्सिन के मिल्वॉकी से शुरू होकर ग्रांड हैवन, मिशिगन में ख़त्म होती थी। रेस के पहले के कार्यक्रम में भाग लेने के लिये हम शाम को ग्रांड हैवन से रवाना हुए।

हमें याट रेसिंग बहुत पसंद है। इसमें अत्यधिक शारीरिक ऊर्जा और मानसिक एकाग्रता

की ज़रूरत होती है। मैं पाल बदलने जैसे छुटपुट कामों में मदद कर रहा था, तभी अचानक मेरे सीने में दर्द की एक तेज़ लहर उठी। मैं किसी को चिंता में नहीं डालना चाहता था, इसलिये मैंने अपने दर्द के बारे में किसी को नहीं बताया। मैं बस नीचे चला गया और मैंने बाक़ी बची हुई रात में आराम करने की कोशिश की। बहरहाल, अगली सुबह तक सीने का दर्द इतना बढ़ चुका था कि उसे नज़रअंदाज़ करना संभव नहीं था। हमने एक हवाई जहाज़ की व्यवस्था की, जो मुझे मिल्वॉकी से ग्रांड रैपिड्स ले गया।

अस्पताल में हुए स्ट्रेस टेस्ट से यह पता चला कि मेरे हृदय की धमनी में रुकावट है और डॉ. लुइस टोमेटिस का फ़ैसला था कि बाईपास सर्जरी करना पड़ेगी।

मैंने कभी यह सोचा भी नहीं था कि मुझे ओपन हार्ट सर्जरी करवाना पड़ेगी। शायद मैं टी. आई. ए. और उस समय डॉक्टर की दी हुई चेतावनी को भूल गया था। या शायद मैंने यह मान लिया था कि मेरे अधिक स्वस्थ आहार और व्यायाम की दिनचर्या ने समस्या को सुलझा दिया था। चाहे जो हो, मैं हैरान था और थोड़ा हताश भी। मैंने पाया कि अनपेक्षित चुनौतियों के दौरान आशावादी बने रहना ज़्यादा मुश्किल होता है।

ऑपरेशन के दौरान डॉक्टरों को मेरी धमनी उम्मीद से ज़्यादा ख़राब हालत में मिली। हृदय की तीन या चार धमनियों का बाईपास करने के बजाय उन्हें छह धमनियों का बाईपास करना पड़ा। बहरहाल, ऑपरेशन सफल हुआ और इस अनुभव ने मुझे नये सिरे से जीवन का महत्व सिखाया और आशा के नये कारण दिये। इसने मुझे समय की यात्रा के बारे में अधिक जागरूक भी बनाया। इससे पहले मुझे अपना भविष्य पूरी तरह से निश्चित और सुदृढ़ दिख रहा था। अचानक यह कम निश्चित नज़र आने लगा। ठीक होने की प्रक्रिया में मैंने अधिक

हालाँकि बीस साल की उम्र में रिच डेवॉस एक नौसिखिया मल्लाह थे, परंतु बाद में वे इसमें निपुण हो गये और नौका दौड़ों में भाग लेने लगे।

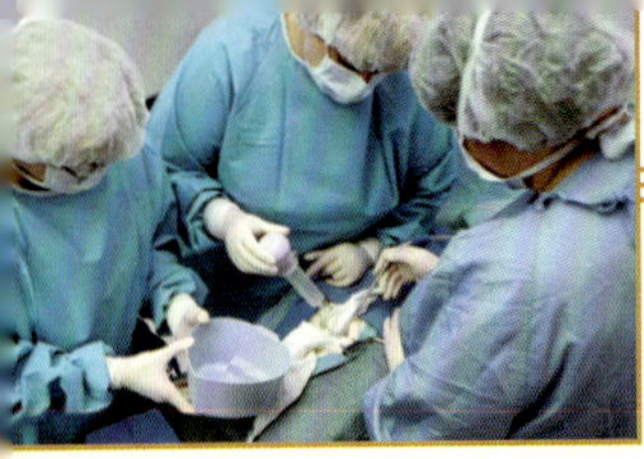

आराम से जीना सीखा, अपने लिये अधिक ख़ाली समय रखना सीखा। और मैंने उन कुछ सपनों को पूरा करना शुरू किया, जो हेलन और मैंने साथ–साथ देखे थे।

बहरहाल, दुर्भाग्य से ख़राब होते स्वास्थ्य के साथ मेरे संघर्ष की यह सिर्फ़ शुरुआत थी। 1992 की गर्मियों में मुझे दिल का दौरा पड़ा। ईश्वर को धन्यवाद कि यह बहुत गंभीर नहीं था, परंतु इसने मुझे खुद से यह कठिन सवाल पूछने के लिये प्रेरित किया कि क्या मुझे एमवे का प्रेसिडेंट बने रहना चाहिये। मैं अपने बिज़नेस और अपने पार्टनर जे से प्रेम करता था। इस बिज़नेस को विकसित करने में हम दोनों ने अपने जीवन का एक बड़ा हिस्सा समर्पित किया था। हमने कई तूफ़ानों का सामना किया था और अंतत: हमारी मेहनत सफल हुई थी, क्योंकि हमारा विशाल कॉरपोरेशन दुनिया भर में सफल हो रहा था। परंतु मुझे ख़ुद से यह पूछना ही था, क्या इतने बड़े कॉरपोरेशन को चलाने का दैनिक तनाव मेरे जीवन के लिये ख़तरा है? यह एक ऐसा मुद्दा था, जिस पर विचार करने से मैं कतरा रहा था। यह एक ऐसा सवाल था, जिसका जवाब मैं हाँ में नहीं देना चाहता था।

मैं अब सबसे स्वस्थ आहार पर था। इतना स्वस्थ आहार मैंने ज़िंदगी में पहले कभी नहीं किया था। मैं नियमित रूप से व्यायाम कर रहा था और मैं बहुत ज़्यादा आराम से जीवन जी रहा था। परंतु जीवनशैली के इन सभी परिवर्तनों के बावजूद दिसंबर की एक सुबह चार बजे मेरी नींद अचानक खुली। मेरे सीने में भयानक दर्द हो रहा था। मैं जानता था कि मुझे दिल का दौरा पड़ गया था।

मुझे एम्बुलैंस द्वारा अस्पताल के इमरजेंसी रूम में ले जाया गया और वहाँ पहुँचने के बाद मेरी हृदयगति लगभग रुक गई। मुझे याद है कि नर्स इमरजेंसी रूम में मेरी पल्स रेट ले रही थी। इसके ठीक बाद मैंने उसे यह कहते सुना, "कोई धड़कन नहीं है।" इसके बाद क्या हुआ, मुझे याद नहीं है। सौभाग्य से मैं बेहोश हो गया था।

डॉक्टरों ने मेरी धड़कन को दुबारा चालू कर दिया, परंतु अब भी उन्हें विश्वास नहीं था कि मैं बच पाऊँगा। डॉ. टोमेटिस और डॉ. रिक मैक्नेमारा ने मेरे परिवार को एक नई तकनीक के बारे में बताया, जिसका प्रयोग क्लीवलैंड क्लीनिक में किया जा रहा था। उन्होंने सुझाव दिया कि वे क्लीवलैंड क्लीनिक से संपर्क करके यह पूछें कि क्या वे मुझे भर्ती करने के लिये तैयार हैं। जब मेरे परिवार ने इस संभावना के बारे में पूछताछ की, तो उस क्लीनिक का सबसे बड़ा डॉक्टर मेरी जाँच करने के लिये तैयार हो गया, परंतु उसने यह स्पष्ट कर दिया कि वह मुझे मरीज़ के रूप में भर्ती करने का वायदा नहीं कर रहा था। एक बार फिर मेरी आशा जाग्रत हो चुकी थी।

> जब आपका बड़ा ऑपरेशन होने वाला हो या आप जीवन को ख़तरे में डालने वाली परिस्थिति का सामना कर रहे हों, तो आप यह सोचे बिना नहीं रह सकते कि कहीं आपका अंतिम समय तो नहीं आ गया है। तब आपको यह सोचना पड़ता है कि क्या आप ईश्वर की नज़रों में सही हैं?

उस समय की मेरी यादें अस्पष्ट हैं, परंतु मेरे सबसे बड़े पुत्र डिक को याद है कि जब मुझे पहली बार अंदर ले जाया गया, तो क्लीनिक में डॉ. कॉस्ग्रव थोड़े असहज दिख रहे थे। उन्होंने मेरी जाँच की, चार्ट और टेस्ट रिज़ल्ट देखे। इसके बाद वे बोले कि वे तब तक मेरा केस लेने के बारे में कोई निर्णय नहीं लेंगे, जब तक कि वे सुबह एक बार फिर मेरी जाँच न कर लें। डॉक्टर ने, जो बाद में मेरे दोस्त बन गये, मुझे बाद में बताया कि उन्हें दरअसल मेरे सुबह तक ज़िंदा बचने की उम्मीद नहीं थी। मैं सुबह तक ज़िंदा था, इससे उन्हें यह संकेत मिला कि ऑपरेशन के बाद भी मेरे बचे रहने की संभावना थी, हालाँकि यह संभावना क्षीण थी।

हम सभी को जोखिम के बारे में पूरी जानकारी देने के बाद वे बाईपास सर्जरी करने के लिये तैयार हो गये। यह एक लंबा काम था, जिसमें तीन बाईपास किये गये और डॉ. कॉस्ग्रव

ने बताया कि मेरी हृदय मांसपेशी बहुत ज़्यादा ख़राब हालत में थी। बहरहाल, डॉक्टरों को विश्वास था कि सर्जरी के बाद मेरी हालत पहले से बेहतर हो जायेगी। अस्पताल की भाषा में कहा जाये तो मैं "सुरक्षित" स्थिति में था।

हालाँकि मैं कमज़ोर था, परंतु मैं अपने परिवार के साथ क्रिसमस मनाने के लिये समय रहते घर लौट आया। यह ख़ुशी ज़्यादा समय तक नहीं चली, क्योंकि जल्दी ही मेरे सीने में स्टैफ़ इन्फ़ेक्शन हो गया। आगामी सप्ताहों में डॉक्टरों ने मेरे सीने को तीन बार और खोला, ताकि वे मेरी पसलियों, स्टरनम (उरोस्थि) और मसल टिशू में हुए संक्रमण को हटा सकें, जो उस जगह के आसपास था जहाँ मेरे सीने को चीरा गया था। मैं बहुत बुरी हालत में था। चूँकि बहुत सा टिशू चला गया था, इसलिये प्लास्टिक सर्जन डॉ. मूर को मेरी पेक्टोरल मांसपेशियों को काटना पड़ा और उन्हें सही स्थिति में जमाकर मेरे सीने को दुबारा भरना पड़ा, ताकि घाव को बंद किया जा सके। मुझे उस समय तक यह पता नहीं था कि मैं उस इन्फ़ेक्शन से लगभग मर ही गया था। इस बारे में तो मुझे तब पता चला, जब मुझमें थोड़ी शक्ति आ गई।

उस समय तक मृत्यु के साथ मेरी कई क़रीबी मुठभेड़ें हो चुकी थीं। उन दिनों की मेरी याददाश्त थोड़ी धुँधली है, परंतु मैं यह बात जानता हूँ कि मैं मरने के लिये तैयार था। जब आपका बड़ा ऑपरेशन होने वाला हो या आप जीवन को ख़तरे में डालने वाली परिस्थिति का सामना कर रहे हों, तो आप यह सोचे बिना नहीं रह सकते कि कहीं आपका अंतिम समय तो नहीं आ गया है। तब आपको यह सोचना पड़ता है कि क्या आप ईश्वर की नज़रों में सही हैं? क्या आप पारलौकिक जीवन में क़दम रखने के लिये तैयार हैं? मैं जानता था कि मैं तैयार था, क्योंकि मैंने अपना जीवन ईसामसीह के प्रति समर्पित किया था। हालाँकि स्वस्थ जीवन की मेरी आशा हिचकोले खा रही थी, परंतु ईश्वर और अनंत जीवन के उसके उपहार में मेरी आशा अडिग थी।

जीवन हममें से किसी के लिये नहीं रुकता। यह छोटे और बड़े परिवर्तनों से भरा हुआ

है। निश्चित रूप से मृत्यु अंतिम परिवर्तन है और हममें से हर एक को कभी न कभी इसका सामना करना पड़ेगा। मैं हमेशा सोचता था कि मैं तैयार था और मेरी आस्था दृढ़ थी, परंतु आप तब तक यह सचमुच नहीं जान सकते जब तक आपको अपनी मौत क़रीब नज़र न आये। और जहाँ तक मेरा सवाल है, मुझे अपनी ज़िंदगी में अभी बहुत कुछ सहना बाक़ी था – एक इतनी बड़ी चुनौती, जिसकी मैंने कल्पना भी नहीं की थी। वह चुनौती थी मेरा हृदय प्रत्यारोपण, जिसके बाद भी मैं जीवित हूँ।

मेरी राह में चाहे हवा किसी भी दिशा में बहे, मेरे लिये आशा स्थायी है। मैं नाव खेना पसंद करता हूँ। जब आप पानी में नाव चलाते हैं, तो हवा आपके रास्ते में कई विचलित करने वाली स्थितियाँ उत्पन्न कर देती है। जीवन भी यही करता है। और यह विचलित करने वाली स्थितियाँ – हमारी परिस्थितियों में होने वाले ये परिवर्तन – हमें या तो बना सकते हैं, या फिर मिटा सकते हैं। हम जीवन में कितने सफल होंगे, यह इस बात से तय नहीं होता कि हम अपने अच्छे दिनों का सामना किस तरह करते हैं। सफलता तो इस बात से तय होती है कि हम बुरे दिनों का सामना किस तरह करते हैं।

ईश्वर में आशा जीवन के पथ पर मुझे रोशनी प्रदान करती है और मृत्यु के द्वार पर सांत्वना देने वाला प्रकाश दिखाती है। यही कारण है कि मैं हमेशा ईश्वर में विश्वास करता हूँ और सर्वश्रेष्ठ की आशा करता हूँ।

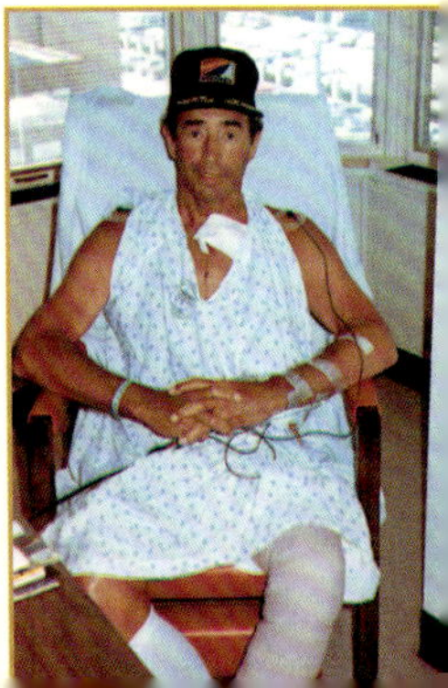

रिच डेवॉस 1983 की शुरुआती बाईपास सर्जरी के बाद ठीक होते हुए, जो गंभीर स्वास्थ्य संबंधी समस्याओं की श्रृंखला में पहली चुनौती थी।

सबक़ 2

लगन

जब तक आप कोशिश नहीं करेंगे, तब तक आप यह कभी नहीं जान पायेंगे कि आप क्या हासिल कर सकते हैं। यह सत्य इतना आसान है कि कई लोग इसे पूरी तरह अनदेखा कर देते हैं।

- रिच डेवॉस

जीवन की शुरुआत में ही रिच डेवॉस ने लगन का महत्वपूर्ण सबक़ सीख लिया था।

दूसरा सबक़

लगन

जब हमारे बच्चे छोटे थे, तो हेलन और मैं अक्सर उन्हें कहानियाँ पढ़कर सुनाते थे। उन्हें एक पुस्तक विशेष प्रिय थी, जो मुझे भी पसंद थी। इस बेहतरीन पुस्तक का नाम था द लिटिल एंजिन दैट कुड (The Little Engine That Could)। यह एक छोटे इंजन की कहानी थी, जो ऊँची पहाड़ियों पर चढ़ जाता है और धुँआ निकालते हुए कहता है, "मैं सोचता हूँ कि मैं कर सकता हूँ, मैं सोचता हूँ कि मैं कर सकता हूँ।" इस कहानी ने दो पीढ़ियों से भी अधिक समय तक करोड़ों बच्चों के दिलों को रोमांचित किया है। इसकी सरल शब्दावली और चित्र वर्तमान आधुनिक युग में थोड़े बचकाने लग सकते हैं, परंतु यह पुस्तक एक ऐसी सच्चाई को सामने लाने में सफल हुई, जो बच्चों और बड़ों दोनों के ही काम की है: अगर आपमें लगन है, तो आप सफल होंगे। "मैं सोचता हूँ कि मैं कर सकता हूँ, मैं सोचता हूँ कि मैं कर सकता हूँ," इस तरह के वाक्य में बदल जायेगा, "मैं जानता था कि मैं कर सकता था, मैं जानता था कि मैं कर सकता था।"

लगन जीवन में सफलता का सबसे महत्वपूर्ण तत्व है। इसमें दृढ़ निश्चय और मेहनत करने की इच्छा शामिल है, चाहे बाधा कोई भी हो। अगर आपमें लड़खड़ाने और गिरने के बावजूद आगे बढ़ने की इच्छा है, तो आपकी सफलता तय है। सौ बार गिरने के बाद भी अगर आप कूदकर उठते हैं और कहते हैं, "यह रहा 101वीं बार," तो आप सफल होंगे। "मैं सोचता हूँ कि मैं कर सकता हूँ," कहते रहने वाले छोटे इंजन की तरह आप भी सफल होंगे।

परंतु एक बात का ध्यान रखें। लगन और ज़िद में फ़र्क़ होता है। दृढ़ निश्चय को हठधर्मिता का पर्यायवाची न मानें। ये दोनों भिन्न हैं। ज़िद आपको मूर्खतापूर्ण और असफल व्यवहार की बंद गली में ले जाती है, जबकि लगन आपको आगे की तरफ़ बढ़ाती है। ज़िद

आपको यथार्थ से काट देती है और इसका परिणाम अकर्मण्यता हो सकता है। लगन आपको जीवन से जोड़े रखती है और कर्मठ बनाती है।

लगन का एक लक्ष्य होता है। यह किसी निर्णय से शुरू होती है और किसी लक्ष्य की तरफ़ बढ़ती है। ज़िद लक्ष्यहीन और निरुद्देश्य होती है तथा अक्सर लोग इससे चिढ़ जाते हैं। अगर आप बाधाओं को पार करने के इच्छुक हैं और अपने लक्ष्यों की तरफ़ निरंतर बढ़ते हैं, तो लोग अक्सर पीछे से आयेंगे और आपको लक्ष्य की तरफ़ धकायेंगे, परंतु अगर आप ज़िद्दी और हठी हैं तो लोग आपकी मदद किये बिना आगे बढ़ जायेंगे। चुनाव आपका है।

मैंने लगन के बारे में ज़्यादातर बातें बचपन में अपने दादाजी से सीखी थीं। वे पुरातनपंथी फेरी वाले थे। वे हर दिन अपने पुराने ट्रक में किसानों के बाज़ार जाते थे। वहाँ से वे सब्ज़ियाँ ख़रीदकर लाते थे, जिन्हें वे घर–घर जाकर बेचते थे। शाम को जो सामान बचता था, उसे मैं बेचता था। जब मैंने पहली बार कुछ बेचा, तो मेरे दादाजी उस वक़्त मेरे साथ थे – प्याज़ का एक गुच्छा, जो वे नहीं बेच पाये थे। उनकी सतर्क निगरानी में मैंने पहली बार सामान बेचा। हालाँकि उस सौदे में मुझे चंद सिक्के ही मिले, परंतु इसने मुझे लगन के बारे में एक ऐसा सबक़ सिखाया, जिसने मुझे जीवन भर लाभ पहुँचाया। उसके बाद जब भी दादाजी के पास सब्ज़ियाँ बच जाती थीं, तो मैं उन्हें बेच देता था। इसमें लगन की ज़रूरत होती थी, परंतु मुझे ऐसा करना अच्छा लगता था।

अपने हाई स्कूल के शुरुआती दिनों में मुझे एक और अनुभव हुआ, जिसने मुझे कठोर निर्णय लेने और उन निर्णयों पर लगन से काम करने का जीवनमूल्य सिखाया। जब मैं पंद्रह साल का था, तो मेरे माता–पिता ने मुझे हमारे शहर के एक छोटे क्रिश्चियन हाई स्कूल में पढ़ने भेजा। अधिकांश किशोरों की तरह मैंने

रिच डेवॉस के पूर्वजों ने अपनी आस्था और जीवनमूल्यों से उनके जीवन को प्रबलता से प्रभावित किया।

भी कभी यह नहीं सोचा कि प्राइवेट स्कूलों में पढ़ने में ख़र्च होता है या मेरे माता–पिता को मेरी फ़ीस देने के लिये त्याग करना पड़ता है। मैं सिर्फ़ लड़कियों का पीछा करता था, हुड़दंग करता था और पढ़ाई–लिखाई या नंबरों की तरफ़ ज़्यादा ध्यान नहीं देता था। किसी तरह से मैं पहले साल हर विषय में पास हो गया, परंतु मैं लेटिन में सिर्फ़ इसलिये पास हुआ, क्योंकि मैंने यह वायदा किया था कि मैं अगले साल वह विषय छोड़ दूँगा।

छोटे निर्णय एकत्रित व इकट्ठे होते जाते हैं और फिर वे एक बड़े निर्णय की तरह दिखने लगते हैं, जो अवश्यंभावी नज़र आता है। एक बड़ा निर्णय कई छोटे निर्णयों का महायोग होता है।

उस शैक्षणिक सत्र के अंत में पिताजी ने मुझसे कहा, “अगर तुम मटरगश्ती ही करना चाहते हो, तो मैं तुम्हें प्राइवेट स्कूल में पढ़ाने के लिये अतिरिक्त पैसे नहीं देने वाला।” इसलिये अगले साल मैं पब्लिक हाई स्कूल में पढ़ने गया। बहरहाल, उस साल के अंत तक मुझे यह एहसास हो गया कि मैं क्रिश्चियन स्कूल के अपने पुराने दोस्तों के साथ ही पढ़ना चाहता था। जब मैंने पिताजी को यह बताया, तो वे बोले, “अगर तुम ऐसा चाहते हो, तो इसके लिये पैसे की व्यवस्था तुम्हें खुद करना होगी।”

फैसला मेरा था – और इसलिये ज़िम्मेदारी भी मेरी ही थी। अगर मैंने क्रिश्चियन हाई स्कूल को चुना था, तो उसकी पढ़ाई का ख़र्चा भी मुझे ही उठाना था। और इस काम में सच्ची लगन की ज़रूरत थी। गंभीरतापूर्वक विचार करने के बाद मैंने क्रिश्चियन स्कूल लौटने का विकल्प चुना और यह फ़ैसला किया कि उसका ख़र्च मैं ख़ुद उठाऊँगा।

जीवन में पहली बार मैंने अपनी बुद्धि से कोई बड़ा फैसला किया था, परंतु मुझे अच्छा लगा कि अब मेरा कोई लक्ष्य था और मैं किसी ऐसी चीज़ के लिये काम कर रहा था, जिसे मैं सचमुच चाहता था। मैं एक पेट्रोल पंप पर पार्ट टाइम काम करता था और मैंने सोचा कि मैं स्कूल की फ़ीस देने लायक पैसे कमा सकता था – परंतु मुश्किल से। मैंने पेट्रोल भरा, गाड़ी के काँच धोये, पैसे बचाये और स्कूल की फ़ीस भरी। अंदाज़ा लगाइये, इसके बाद क्या हुआ

होगा? जब मैंने सच्ची संकल्प शक्ति दिखाई, तो मेरे माता–पिता मेरी मदद करने के लिये आगे आ गये। अगर मैं लगन से आगे बढ़ने के लिये तैयार था, तो वे मेरी फ़ीस भरने के लिये तैयार थे।

यह आश्चर्यजनक है कि हमारी ज़िंदगी किस तरह छोटे–छोटे निर्णयों से बदल जाती है। क्रिश्चियन स्कूल वापस लौटने और अपनी फीस भरने के लिये ख़ुद पैसे कमाने का निर्णय कोई बहुत बड़ा निर्णय नहीं था – कम से कम जीवन के विराट प्रवाह में तो बिलकुल भी बड़ा नहीं था – परंतु इसका मेरे जीवन पर बहुत गहरा प्रभाव पड़ा। छोटे निर्णय एकत्रित व इकट्ठे होते जाते हैं और फिर वे एक बड़े निर्णय की तरह दिखने लगते हैं, जो अवश्यंभावी नज़र आता है। एक बड़ा निर्णय कई छोटे निर्णयों का महायोग होता है।

मुझे वह समय याद आता है, जब मेरे पार्टनर जे और मैंने पहला कंपनी जेट ख़रीदने का मन बनाया। पहले तो हवाई जहाज़ के निर्माता ने हमें उसमें बिठाकर घुमाने का प्रस्ताव रखा। इस बात के लिये "हाँ" कहना आसान था। इसके बाद उन्होंने यह प्रस्ताव रखा कि वे हमारे उपयोग के लिये हवाई जहाज़ को शहर में दो सप्ताह तक छोड़कर जाना चाहते थे। इसके जवाब में भी "हाँ" कहना आसान था। फिर दो सप्ताह बाद उन्होंने उस हवाई जहाज़ को वापस ले जाने की कोशिश की। इस बार हमने कहा "नहीं!" और उसे ख़रीद लिया। छोटे निर्णयों की श्रृंखला ने हमें एक बहुत बड़े निर्णय पर पहुँचा दिया।

इसलिये जब आप अपना लक्ष्य बना लें और पूरे दिल से उसका पीछा करने की ठान लें, तो आपका अगला क़दम यह होना चाहिये कि आप क़ीमत का हिसाब लगायें।

इस बात से कोई फ़र्क़ नहीं पड़ता कि निर्णय छोटे हैं या बड़े, निर्णय लेने का अर्थ है अपने लिये लक्ष्य निर्धारित करना। और इस काम में सच्चे साहस की ज़रूरत होती है। ख़ास तौर पर जब वह निर्णय बड़ा हो। क्योंकि अगर आप भाग्य की गर्दन पकड़ने का साहस करते हैं और एक कठोर व महत्वपूर्ण निर्णय लेते हैं, तो यह आपका जीवन बदल देता है।

एमवे की स्थापना करने से पहले रिच डेवॉस और उनके मित्र जे वॉन एन्डैल ने ड्राइव–इन रेस्टोरेंट बिज़नेस शुरू किया, जिसमें वे बारी–बारी से कुकिंग और वेटिंग का काम करते थे।

परंतु जो निर्णय लेने में ज़रा भी कष्ट नहीं होता, जिनमें प्रतिबद्धता की आवश्यकता नहीं होती, जिनका पीछा रोमांच या लगन के साथ नहीं किया जाता, ऐसे निर्णयों के बदले में सच्चे पुरस्कार शायद ही कभी मिलते हैं। इसलिये जब आप अपना लक्ष्य बना लें और पूरे दिल से उसका पीछा करने की ठान लें, तो आपका अगला क़दम यह होना चाहिये कि आप क़ीमत का हिसाब लगायें। अगर आप पहले से ही यह बात जानते हैं कि लक्ष्य का पीछा करने में समय और प्रतिबद्धता की ज़रूरत होगी, तो बाद में आप पीछे नहीं हटेंगे।

जे और मैंने विश्व की सबसे बड़ी डायरेक्ट सेल्स कंपनियों में से एक शुरू की। और इतने सालों में मैं लाखों लोगों से कह चुका हूँ कि वे एमवे में अपना दूसरा कैरियर शुरू करें। परंतु मैंने यह कभी नहीं कहा कि ऐसा करना आसान होगा। यह आसान नहीं है। यह हमारे लिये भी आसान नहीं था। जब लोग हमारे पास फटाफट अमीर बनने की आशा लेकर आये, तो मैंने उनसे कहा कि वे इसके लिये किसी दूसरी जगह पर जायें।

सफलता के शॉर्टकट नहीं होते या होते भी होंगे, तो बहुत कम होते होंगे। परंतु कड़ी मेहनत करके सफलता हासिल करने में एक अद्भुत संतोष मिलता है। और जब आप लक्ष्य निर्धारित कर लेते हैं तथा उसे हासिल करने के लिये कमर कस लेते हैं, तब भी जब आप थके हुए या हताश हों, तो लगन ही आपको अपनी मंज़िल तक पहुँचाती है।

अगर आप उद्यमी बनने की महत्वाकांक्षा रखते हैं, परंतु आपके पास सिर्फ़ एक बड़ा सपना हो और आपकी जेब में पैसे न हों, तो शायद आपने लोगों को यह कहते सुना होगा, "तुम कहीं पागल तो नहीं हो गये हो?" मैंने तो निश्चित रूप से यह सुना है। जब आप अपने लक्ष्य का पीछा करते हैं, तो लोग आपकी लगन भरी मेहनत को आपकी मूर्खतापूर्ण ज़िद समझ सकते हैं। अगर मैंने अपने कुछ दोस्तों और आलोचकों की बातों पर ध्यान दिया होता, तो मैं अपना बिज़नेस कभी शुरू ही नहीं कर पाता। परंतु जे और मैं इतने "पागल" थे कि हम अपने सपने का पीछा करते रहे और लगन से मेहनत करते रहे... और वह सपना कई बिलियन

> जब भी आपके सामने असफलता या निराशा आती है, तो आपके पास सिर्फ़ दो विकल्प होते हैं: आप हारकर मैदान छोड़ सकते हैं, या फिर आप मैदान में डटे रह सकते हैं।

डॉलर की कंपनी में बदल गया!

कई बड़े सपने अस्पष्ट विचारों से शुरू होते हैं। जब मैंने शुरुआत की, तो मेरा लक्ष्य बहुत साधारण था: मैं अपना ख़ुद का बिज़नेस करना चाहता था। अपने लक्ष्य को हासिल करने के लिये मैं त्याग करने को तैयार था (जो मेरे जीवनमूल्यों के विरोध में न हो), परंतु सच तो यह है कि मैं नहीं जानता था कि यह मुझे कहाँ ले जायेगा या मैं यह काम किस तरह करूँगा। शुरुआत में मैंने और जे ने एक–एक करके मील के पत्थर पार किये और उस वक़्त हम शायद ही कभी बहुत आगे तक देख रहे थे। हम सिर्फ़ लगन से जुटे रहे। जब हमारी नन्ही कंपनी ने सेल्स में दस लाख डॉलर का आँकड़ा छुआ, तो हमने अपने सामने बीस लाख डॉलर का लक्ष्य रखा। जब हमारी पहली इमारत छोटी पड़ने लगी, तो हमने दूसरी इमारत बनवा ली। धीरे–धीरे, लगातार, लगन भरे प्रयासों से हमने एक बड़ी और सफल विश्वव्यापी कंपनी बनाई।

अगर हम हताश होने के लिये कारण खोजना चाहते, तो वे हमें आसानी से मिल सकते थे। जीवन की राह बाधाओं और भटकाने वाले मोड़ों से भरी होती है। उदाहरण के तौर पर, अपने कैरियर की शुरुआत में हमने एक बड़ी सेल्स मीटिंग आयोजित की और रेडियो तथा अख़बारों में विज्ञापन देकर इस मीटिंग का प्रचार किया। हमने व्यक्तिगत रूप से भी इसका प्रचार किया और मीटिंग के लिये एक हॉल किराये पर ले लिया। परंतु हमारे सारे प्रयासों के बावजूद यह मीटिंग बुरी तरह असफ़ल हुई! इसमें सिर्फ़ दो ही लोग आये। जब हॉल ख़ाली हो, तो जोशीला सेल्स भाषण देना मुश्किल होता है। मीटिंग के बाद हम आधी रात को अपने घर वापस लौटे, क्योंकि हमारे पास होटल में ठहरने के लिये पैसे नहीं थे। परंतु यह असफलता हमें आगे बढ़ने से नहीं रोक पाई। जब भी आपके सामने असफलता या निराशा आती है, तो आपके पास सिर्फ़ दो विकल्प होते हैं: आप हारकर मैदान छोड़ सकते हैं, या फिर आप मैदान

में डटे रह सकते हैं।

अगर मैं दुनिया के युवा लोगों को सिर्फ़ एक चारित्रिक गुण प्रदान कर सकूँ – सिर्फ़ एक गुण, जो जीवन में सफलता हासिल करने में उनकी मदद करेगा – तो यह गुण होगा लगन। यह बुद्धि, शारीरिक योग्यता, सुंदर चेहरे या व्यक्तित्व के जादू से अधिक महत्वपूर्ण है। लगन आत्मा की गहराई से आती है। यह ईश्वर का दिया वरदान है, जो हमारी अन्य कमियों को पूरा करने के लिये दिया जाता है। इसकी शक्ति को कभी कम न आँकें।

सब्ज़ियाँ बेचने वाले अपने दादाजी पीटर डेकर की सतर्क निगरानी में रिच डेवॉस ने अपना पहला सामान बेचा, एक ऐसा सौदा जिसमें चंद सिक्कों का ही लाभ हुआ, परंतु इसने उन्हें लगन का एक ऐसा सबक़ सिखाया, जो जीवन भर काम आया।

सबक़ 3

विश्वास

मेरे अनुभवों ने मुझे जो सबसे बड़ा
सबक़ सिखाया है, वह है
संकल्पवान और आत्मविश्वासपूर्ण
प्रयास का महत्व।

रिच डेवॉस

रिच डेवॉस और जे वॉन एन्डैल का कैरिबियन का रोमांचक अभियान अधूरा रह गया, जब उनकी नाव एलिज़ाबेथ क्यूबा के तट के समीप डूब गई। इस अविस्मरणीय अनुभव ने उन्हें आत्मविश्वास और जोखिम लेने के सबक़ सिखाये।

तीसरा सबक़

विश्वास

जीवन की सबसे बड़ी विसंगतियों में से एक यह है कि जो लोग नीचे निशाना साधते हैं, उनका निशाना अक्सर सही लगता है। निशाना साधते समय उनका लक्ष्य होता है "कुछ नहीं," और इसलिये आम तौर पर उनका निशाना सही लगता है। परंतु वही लोग दुनिया की सबसे सशक्त हस्तियाँ बन सकते हैं, जिनमें ऊँचे लक्ष्य पर निशाना साधने का साहस होता है और वे हर दिन अभ्यास करते रहते हैं, जब तक कि वे अपने निशाने को बेध न लें। आख़िर किस चीज़ की वजह से उनकी लगन को ईंधन मिलता है? विश्वास। अगर आप लक्ष्य तक पहुँचने की अपनी क्षमता में विश्वास नहीं करते, तो शायद आप कोशिश करना छोड़ देंगे। परंतु "उस इंजन की तरह, जो कर सकता था" अगर आप ख़ुद से कहते हैं, "मैं सोचता हूँ कि मैं कर सकता हूँ," तो शायद आप कर लेंगे।

यह मेरे लिये लगभग एक रहस्य है कि आख़िर कौन सी चीज़ लोगों को प्रेरित करती है। फिर भी मुझे बहुत प्रेरणादायक वक्ता समझा जाता है और मुझसे अक्सर प्रेरणादायक भाषण देने के लिये कहा जाता है। लोग मुझसे यह जानना चाहते हैं कि किस वजह से जीवन में कुछ लोग सफल होते हैं, जबकि ज़्यादातर लोग असफल हो जाते हैं। वे "सफलता का रहस्य" जानना चाहते हैं।

काश मेरे पास इसका गहरा ज्ञान होता, जो मैं उन्हें बता सकता! काश मैं यह स्पष्ट कर सकता कि कुछ लोग आगे क्यों बढ़ जाते हैं, जबकि बाक़ी मैदान छोड़ जाते हैं! परंतु मैं एक बात अच्छी तरह से जानता हूँ: हर आदमी वह काम कर सकता है, जिसे करने की वह ठान ले, बशर्ते उसे यह विश्वास हो कि वह उस काम को कर सकता है। और यह विकल्प हम सबके पास होता है। हम आत्मविश्वासी होने का चुनाव करते हैं। हम अपने लक्ष्यों में और स्वयं में विश्वास करने का चुनाव करते हैं।

किशोरावस्था में जब मैं यह फ़ैसला कर रहा था कि जीवन में क्या लक्ष्य बनाया जाये, तो पी. एच. डी. करने, राजनेता बनने या पी. जी. ए. गोल्फर बनने में मेरी कोई ख़ास रुचि नहीं थी। ये सभी लक्ष्य अच्छे थे, परंतु वे मुझे आकर्षित नहीं करते थे। जो मैं सचमुच चाहता था, यानी जो मेरा लक्ष्य था, वह था अपना खुद का बिज़नेस खड़ा करना और उसमें सफल होना। और मैं ऐसा कर सकता था, इस बारे में मुझे ज़रा भी संदेह नहीं था।

आप तर्क दे सकते हैं कि मेरा आत्मविश्वास ईश्वर का उपहार है या फिर आनुवंशिक गुण है। मैं मानता हूँ कि हर अच्छा उपहार ईश्वर की देन होता है और निश्चित रूप से यह भी संभव है कि मुझमें आनुवंशिक स्तर पर एक या दो उद्यमी जीन आ गये हों। बहरहाल, असली महत्व की बात यह है कि कोई भी व्यक्ति इस तरह के आत्मविश्वास का चुनाव कर सकता है। आत्मविश्वास एक चुनाव भी है और उपहार भी। अगर आपको यह उपहार नहीं मिला, तब भी आप इसका चुनाव कर सकते हैं। और जब आप यह चुनाव करेंगे, तो आपको यह उपहार अपने आप मिल जायेगा। यह मुर्गी और अंडे के पुराने प्रश्न की तरह है। इस बात से दरअसल कोई फ़र्क़ ही नहीं पड़ता कि पहले कौन आया।

> आत्मविश्वास एक चुनाव भी है और उपहार भी। अगर आपको यह उपहार नहीं मिला, तब भी आप इसका चुनाव कर सकते हैं। और जब आप यह चुनाव करेंगे, तो आपको यह उपहार अपने आप मिल जायेगा।

जब मैं अपने सत्तर साल से अधिक के जीवन की तरफ़ पीछे मुड़कर देखता हूँ, तो मैं स्पष्ट रूप से देख सकता हूँ कि आत्मविश्वास मेरे जीवन का मूलभूत और प्रमुख व्यक्तिगत गुण रहा है। जब मैं युवा था, तो मैं बहुत उतावला था और कई बार तो अति–आत्मविश्वास का शिकार भी था। परंतु मुझे खुशी है कि मैं ऐसा था। असफलता और जोखिम उठाने का दरअसल चोली–दामन का साथ होता है। अगर आप असफलता का ख़तरा उठाने के लिये तैयार नहीं हैं, तो आपके जोखिम लेने की बहुत कम संभावना है। मुझे विश्वास था कि मुझमें हर काम करने की क्षमता थी और परिणामस्वरूप मैंने ऐसे बहुत से काम किये, जिन्हें करने की कोशिश कोई भी सावधान या "तार्किक" आदमी

कभी नहीं करता। इस प्रक्रिया में मुझे बहुत मज़ा आया और कई अविश्वसनीय रोमांचक अनुभव भी हुए। मैंने कई बेशक़ीमती सबक़ भी सीखे, जो ज़िंदगी भर मेरे काम आये।

इनमें से एक सबक़ मुझे बीस साल की उम्र के कुछ समय बाद मिला। मैं और मेरे सबसे अच्छे दोस्त जे वॉन एन्डैल कुँवारे थे तथा हमने फ़ैसला किया कि हम एक नाव ख़रीदेंगे और उससे दक्षिण अमेरिका तक यात्रा करेंगे। हम उस साल एक ज़बर्दस्त रोमांचक अभियान का आनंद लेना चाहते थे और हम उस अभियान पर चल दिये।

पहले तो हमने अटलांटिक तट तक यात्रा की, जहाँ हमें लकड़ी की एक पुरानी नाव (नोवा स्कोटिया स्कूनर) मिली, जिसका नाम था एलिज़ाबेथ। यह बरसों से सूखे बंदरगाह पर धूल खा रही थी। हम नाव ख़रीदने के बारे में कुछ नहीं जानते थे और तब अगर मेरे पास उतनी समझ होती जितनी कि आज है, तो हम उस अड़तीस फुट की नाव से सिर्फ़ दूर ही नहीं जाते, बल्कि दौड़कर उससे जितनी दूर जा सकते थे, उतनी दूर चले जाते।

एलिज़ाबेथ नाम का अर्थ है "ईश्वर का सौभाग्य"। जैसा हमें बाद में पता चला, उस नाव का नाम एलिज़ाबेथ ग़लत रखा गया था। दरअसल नाव की हालत उतनी ही ख़राब थी, जितनी कि हमारी नाव खेने की योग्यता। परंतु हम अनुभवहीनता को अपने रोमांच में बाधक नहीं बनने देना चाहते थे।

हमारी योजना यह थी कि हम नाव से पहले अमेरिका के पूर्वी तट तक यात्रा करेंगे और फिर क्यूबा की (यह कैस्ट्रो युग से पहले की बात है); जहाँ से हम कैरेबियन होते हुए दक्षिण अमेरिका की तरफ़ जायेंगे। अनुभवी नाविकों के लिये भी यह एक महत्वाकांक्षी यात्रा थी, परंतु हममें युवावस्था का अति आत्मविश्वास कूट–कूट कर भरा था और हम इस चुनौती के लिये पूरी तरह से तैयार थे।

एलिज़ाबेथ को ख़रीदने से पहले मैंने कभी किसी नाव (सेलबोट) पर पैर भी नहीं रखा था। मुझमें नौसिखिया कहलाने लायक योग्यता या अनुभव भी नहीं था। एक हाथ में निर्देश–पुस्तिका और दूसरे हाथ में चप्पू लेकर हम अमेरिका के पूर्वी तट की ओर चल पड़े। मैं

आपको बता नहीं सकता कि हमारी लॉग बुक में यह संदेश कितनी बार दर्ज हुआ, "एक बार फिर ज़मीन पर!"

ज़ाहिर है, हमें समुद्री मार्गों की भी ख़ास समझ नहीं थी। एक बार तो हम न्यू जर्सी में खो गये, जहाँ कोस्ट गार्ड को हमें ढूँढ़ने में आठ घंटे लग गये। समस्या यह थी कि हम समुद्र में भी नहीं थे। हम तटीय धाराओं में दो ग़लत मोड़ मुड़ गये थे और किसी खाड़ी में फँस गये थे।

जब हम इसके आदी हो रहे थे, तभी हमें यह एहसास हुआ कि गुम जाना और ज़मीन पर आ जाना हमारी बहुत छोटी समस्यायें थीं। हम आख़िरकार क्यूबा पहुँच ही गये, परंतु टापू के उत्तरी किनारे पर नाव में पानी घुसने लगा। हमने एक छोटे बन्दरगाह पर नाव मरम्मत के लिये दे दी और एलिज़ाबेथ का नया पेटा बनवाने में दो सप्ताह बिताये। फिर हमने नाव खेने के लिये क्यूबा के एक नाविक को रख लिया और बहामा चैनल में नाव लेकर चल पड़े। दुर्भाग्य से हमारी नाव का नया पेटा पुराने से भी बदतर साबित हुआ!

आधी रात को हम 1500 फुट पानी में डूबने लगे। हम जितनी तेज़ी से पानी बाहर निकाल रहे थे, पानी उससे ज़्यादा तेज़ी से छेदों से अंदर आ रहा था। जब पानी धीरे–धीरे पहले तो निचले हिस्से में और फिर केबिन में भरने लगा, तो हम नाव छोड़ने की तैयारी करने लगे। अपनी फ़्लेयर गन चलाने और अपनी फ़्लैशलाइट से मदद का "एस ओ एस" संदेश चमकाने के बाद हम क्षितिज पर जहाज़ की तलाश करने लगे। सुबह ढाई बजे एक अमेरिकी मालवाहक जहाज़ अडाबेल लाइक्स पास आया और उसने हमें बचाया। सुबह तक एलिज़ाबेथ समुद्र की तलहटी में थी। जैसा आप समझ सकते हैं, यह टाइटैनिक की तरह की बड़ी दुर्घटना नहीं थी। नाव में सिर्फ़ छेद हो गया था और वह डूब गई थी।

दक्षिण अमेरिका से 1949 में वापसी पर रिच डेवॉस और जे वॉन एन्डैल अपनी बचाई हुई लाइफ रिंग को थामे हैं और एलिज़ाबेथ नाव के दुर्भाग्यपूर्ण सफ़र की याद ताज़ा कर रहे हैं।

अडाबेल लाइक्स के कप्तान ने हमें प्यूर्टो रिको में सैन जुआन के किनारे पर उतारा। इस स्थिति में ज़्यादातर लोगों ने हार मान ली होती और घर लौट गये होते, परंतु जे और मैं अपने सपने के प्रति निष्ठावान बने रहे। हमें अब भी विश्वास था कि हम अपने लक्ष्य को पूरा कर सकते हैं। हम जोखिम या रोमांच से डरे नहीं थे। हमने अपना ज़्यादातर व्यक्तिगत सामान बचा लिया था और हमारे पास अब भी थोड़ा पैसा था, इसलिये हमने यात्रा जारी रखने का फ़ैसला किया। आख़िरकार, दक्षिण अमेरिका पहुँचने के और भी तरीक़े थे।

प्यूर्टो रिको में हम एक पुराने ट्राम्प टैंकर पर नाविक बन गये। यह टैंकर डच एन्टाइल्स में क्यूरेकाओ टापू जा रहा था, जो वेनेजुएला के तट के समीप ही था। वहाँ से हम हवाई जहाज़ में काराकास तक गये, फिर कोलंबियन हाईलैंड्स पहुँचे, जहाँ हमने पैडल व्हील स्टीमर में मैग्डेलेना नदी की यात्रा की। इसके बाद हम नैरो गेज पटरियों से यात्रा करते हुए पैसिफिक कोस्ट की तरफ़ बढ़े।

दूसरों को यह मौक़ा न दें कि वे अपने डर आपके खाते में डाल दें। और 'पर्याप्त ज्ञान' होने का भी इंतज़ार न करें। अगर आप ऐसा करेंगे, तो आप कभी शुरू नहीं कर पायेंगे।

जब तक हम घर लौटे, तब तक हम दक्षिण अमेरिका के समूचे पश्चिमी तट – कोलंबिया से चिली तक – की यात्रा कर चुके थे, एंडीज के ऊपर उड़ चुके थे और इसके बाद हमने पूर्वी तट की वहाँ तक यात्रा की थी, जहाँ पहले गयाना हुआ करता था। हम हर उस जगह पर रुके, जो हमें अच्छी लगी और फिर हमने कैरेबियन के प्रमुख टापुओं की यात्रा में काफ़ी समय दिया। यह एक अद्‌भुत रोमांच था, जीवन–में–एक–बार–होने–वाला रोमांच।

इस यात्रा ने मेरी ज़िंदगी बदल दी। मैंने जोखिम लेना सीखा। मैंने लक्ष्य हासिल करने और सपने को साकार करने के लिये हार से ऊपर उठना सीखा। एलिज़ाबेथ के डूबने से "वर्तमान में जीने" की मेरी भावना और भी प्रबल हुई तथा इसने मुझे परिस्थिति के अनुरूप तत्काल परिवर्तन करने के वे तरीक़े सिखाये, जिनसे ज़िंदगी ज़्यादा रोचक और सहज बन गई।

उस रोमांचक यात्रा में सीखे गये सबक़ का लाभ मुझे बाद में जीवन के हर महत्वपूर्ण काम में मिला।

विश्वास की जड़ें अक्सर इस तर्कहीन आशा में होती हैं कि सब कुछ ठीक हो जायेगा। विश्वास की कमी की वजह से अपने सपनों का दम न घुटने दें। दूसरों को यह मौक़ा न दें कि वे अपने डर आपके ख़ाते में डाल दें। और "पर्याप्त ज्ञान" होने का भी इंतज़ार न करें। अगर आप ऐसा करेंगे, तो आप कभी शुरू नहीं कर पायेंगे। जब तक आप किसी काम को करना शुरू नहीं करते, तब तक आप कभी भी, कुछ भी नहीं सीख सकते। आप किनारे पर खड़े रहकर तैरना कभी नहीं सीख सकते। किसी मोड़ पर आपको सोचना, बोलना, हानि–लाभ को तौलना और क़ीमत का हिसाब लगाना बंद करना होगा, और बस छलाँग लगाना होगी।

जब तक आप कोशिश न करें, तब तक आप यह कैसे जान पायेंगे कि आप क्या हासिल कर सकते हैं? मेरा सूत्रवाक्य है "कोशिश कीजिये या रोइये"। इसलिये या तो कोशिश करें या फिर इसके बारे में रोना बंद कर दें। आत्मविश्वास किसी काम को करने से ही आता है।

रिच डेवॉस और उनके मित्र जे वॉन एन्डैल दोनों ही हवाई जहाज़ उड़ाना नहीं जानते थे, इस तथ्य के बावजूद उन्होंने अपने प्रारंभिक बिज़नेस जीवन में वॉल्वरलाइन एयर सर्विस शुरू की और यह साबित किया कि आत्मविश्वास और सफलता की इच्छा जीवन के किसी भी प्रयास में प्रमुख तत्व हैं।

Approved Flying Courses
WOLVERINE
AIR SERVICE
LEARN to FLY
IF YOU CAN DRIVE A CAR - YOU CAN FLY A PLANE
WOLVERINE AIR SERVICE
GRAND RIVER AIRPARK, COMSTOCK PARK
GRAND RAPIDS, MICHIGAN

सबक़ 4

आशावाद

अगर सपने की लौ कहीं आपके भीतर

मौजूद है, तो ईश्वर को धन्यवाद दें

और इस बारे में कुछ करें। किसी को

भी यह लौ बुझाने न दें।

रिच डेवॉस

रिच डेवॉस और जे वॉन एन्डैल, पार्टनर और एमवे के सह–संस्थापक, कंपनी की 25 वीं वर्षगाँठ के अवसर पर 1986 में एक साथ।

चौथा सबक़

आशावाद

अगर आप यह आशा करते हैं कि कोई काम गड़बड़ होगा, तो शायद काम बिगड़ जायेगा। निराशावाद आपको कभी निराश नहीं करता। परंतु यही सिद्धांत विपरीत स्थिति में भी काम करता है। अगर आप अच्छी घटनाओं की आशा करते हैं, तो आम तौर पर घटनायें अच्छी होती हैं! ऐसा लगता है कि आशावाद और सफलता के बीच कारण और परिणाम जैसा कोई नैसर्गिक संबंध होता है।

आशावाद और निराशावाद दोनों ही प्रबल शक्तियाँ हैं। हममें से हर एक को यह विकल्प चुनना पड़ता है कि हम इन दोनों में से किससे अपने दृष्टिकोण तथा भावनाओं को ढलवाना चाहते हैं। हर एक के जीवन में पर्याप्त अच्छी और बुरी परिस्थितियाँ आती हैं – बहुत सा दुख और सुख, पर्याप्त ख़ुशी और ग़म – इसलिये आशावाद या निराशावाद के लिये तार्किक आधार ढूँढ़ना संभव नहीं है। हम हँसने या रोने, धन्यवाद देने या शिकायत करने का विकल्प चुन सकते हैं। यह हमारा निर्णय है कि हम जीवन को किस दृष्टिकोण से देखना चाहते हैं? क्या हम आशा भरी निगाहों से ऊपर की तरफ़ देखना चाहते हैं या फिर निराशा से नीचे की तरफ़?

मैं ऊपर की तरफ़ देखने में विश्वास करता हूँ। मैं सकारात्मक को रेखांकित करने का चुनाव करता हूँ और नकारात्मक को नज़रअंदाज़ कर देता हूँ। मैं स्वभाव से भी उतना ही आशावादी हूँ, जितना कि विकल्प चुनने से। निश्चित रूप से मैं जानता हूँ कि दुनिया में दुख होता है। मेरी उम्र सत्तर साल से अधिक है और मेरे जीवन में बहुत से संकट आये हैं। परंतु इसके बावजूद मैंने पाया है कि जीवन में अच्छाई का वज़न बुराई की तुलना में काफ़ी ज़्यादा होता है।

आशावादी नज़रिया विलासिता नहीं है; यह तो हमारी आवश्यकता है। जिस तरीक़े से आप जीवन को देखते हैं, उसी से यह तय होगा कि आप कैसा महसूस करते हैं, कैसा प्रदर्शन

> जिस तरीक़े से आप जीवन को देखेंगे, उसी से यह तय होगा कि आप कैसा महसूस करते हैं, कैसा प्रदर्शन करते हैं और दूसरे लोगों के साथ कितने अच्छे संबंध बना पाते हैं।

करते हैं और दूसरे लोगों के साथ कितने अच्छे संबंध बना पाते हैं। दूसरी ओर, नकारात्मक विचार, नकारात्मक नज़रिया और निराशायें अपने आप बढ़ते हैं। वे ख़ुदबख़ुद पूरी होने वाली भविष्यवाणियाँ होते हैं। निराशावाद एक अँधेरी कोठरी बना लेता है, जहाँ कोई नहीं रहना चाहता।

बरसों पहले मैं पेट्रोल भरवाने के लिये एक सर्विस स्टेशन में गया। दिन सुहावना था और मैं बहुत ख़ुश था। जब मैं पेट्रोल के पैसे देने के लिये स्टेशन के अंदर गया, तो वहाँ के कर्मचारी ने मुझसे पूछा, "आप ठीक तो हैं?" उसके सवाल से मुझे हैरानी हुई, परंतु मैंने उसे बताया कि मैं काफ़ी अच्छा महसूस कर रहा था। इस पर वह बोला, "आप बीमार दिख रहे हैं।" यह सुनकर मैं दंग रह गया। अब थोड़े कम विश्वास के साथ मैंने उसे बताया कि मैं उस वक़्त जितना अच्छा महसूस कर रहा था, उतना मैंने पहले कभी नहीं किया। बिना झिझके वह मुझसे लगातार यही कहता रहा कि मैं बीमार दिख रहा हूँ और मेरी त्वचा पीली दिख रही है।

जब मैं उस सर्विस स्टेशन से बाहर निकला, तो मैं थोड़ा परेशान था। थोड़ी दूर जाकर मैंने सड़क के किनारे गाड़ी रोकी और शीशे में अपना चेहरा देखा। मुझे कैसा महसूस हो रहा था? क्या मुझे पीलिया हो गया था? क्या सब कुछ ठीक था? घर पहुँचते–पहुँचते मैं थोड़ा बीमार महसूस करने लगा। क्या मेरा लिवर ख़राब हो गया था? या फिर मुझे कोई असामान्य बीमारी हो गई थी?

अगली बार जब मैं उसी सर्विस स्टेशन में गया, तो मैं उस दिन भी अच्छा अनुभव कर रहा था। वहाँ पहुँचकर जब मैंने आसपास देखा, तो मैं समझ गया कि क्या हुआ था। उस कमरे को हाल ही में चमकीले पीले रंग से पोता गया था और दीवारों से परावर्तित होने वाले प्रकाश के कारण हर आदमी ऐसा दिख रहा था, जैसे उसे पीलिया हो गया हो! मैं यह सोचने लगा कि न जाने कितने लोगों का वही हाल हुआ होगा, जो मेरा हुआ था। मैंने एक अजनबी की एक

छोटी सी बात को अपने पूरे दिन का नज़रिया बदलने की अनुमति दे दी थी। उसने मुझे बताया कि मैं बीमार दिख रहा था और कुछ देर में ही मैं सचमुच बीमार महसूस करने लगा। सिर्फ़ एक नकारात्मक बात ने मेरे सोचने और काम करने के तरीक़े पर गहरा प्रभाव डाला था।

एक ही चीज़ नकारात्मकता से अधिक शक्तिशाली है और वह है सकारात्मक आशा या आशावादी शब्द। मैं ईश्वर को इस बात के लिये धन्यवाद देता हूँ कि मैं एक ऐसे देश में बड़ा हुआ हूँ, जहाँ आशावाद की भव्य परंपरा है। जब पूरी संस्कृति ऊपर की ओर देख रही हो, तो अविश्वसनीय परिणाम हासिल किये जा सकते हैं। जब संसार आशा से भरा और सकारात्मक स्थान लगने लगे, तो लोगों को प्रयास करने और सफल होने की शक्ति मिल जाती है।

बहरहाल, आशावाद के अभाव में हमारे पास कुछ नहीं होगा। तब हमारे पास सिर्फ़ आलोचक, नहीं कहने वाले लोग और विनाश के भविष्यवक्ता होंगे। जब कोई देश अपने नागरिकों और संस्थाओं से बुरी से बुरी उम्मीद करता है और इसके विशेषज्ञ ग़लतियों पर अपना पूरा ध्यान केंद्रित कर लेते हैं, तो आशा मर जाती है। बहुत सारे लोग ऊपर की ओर देखने के बजाय नीचे की ओर देखने में अपना बहुत सा समय बर्बाद करते हैं। वे देश की राजनीतिक संस्थाओं, अर्थव्यवस्था, शैक्षणिक तंत्र, धार्मिक संगठनों और सबसे बुरी बात एक–दूसरे की ग़लतियाँ ही निकालते रहते हैं।

ग़लतियाँ निकालने में इतनी ज़्यादा नकारात्मक ऊर्जा ख़र्च हो जाती है कि सकारात्मक कार्यों के लिये ऊर्जा ही नहीं बचती। समाज को परेशान कर रही वास्तविक समस्याओं को सुलझाने के लिये साहस और शक्ति की आवश्यकता होती है। यह सच है कि ऐसी चीज़ें हमेशा रहेंगी, जिन्हें सुधारना आवश्यक होगा। परंतु सवाल यह है, क्या आप अपना समय और ऊर्जा चीज़ों की चीर–फाड़ करने में लगाना चाहते हैं या फिर उन्हें बनाने में?

मैं ब्रॉडवे में एक नाटक के मंचन का उदाहरण देना

जब रिच डेवॉस ने हेलन से विवाह किया, जो यहाँ अपने माता–पिता विल्मा और जॉर्ज वैनवीसेप के साथ दिख रही हैं, तो उन्हें एक ऐसे परिवार का वरदान मिला, जिसकी ईश्वर में आस्था उनके जितनी ही गहन थी।

चाहूँगा, ताकि मेरी बात अधिक स्पष्ट हो सके। मान लीजिये एक नया नाटक खेला जाने वाला है। नाटककार ने नाटक लिख लिया है, निवेशकों ने धन उपलब्ध करा दिया है और थियेटर किराये पर ले लिया गया है। निर्देशक और एक्टरों को भी चुन लिया गया है तथा सारे पात्र कई हफ़्तों से नाटक की रिहर्सल कर रहे हैं। सेट, लाइटिंग और साउंड इंजीनियर्स दिन–रात मेहनत कर रहे हैं। नाटक के मंचन की पहली रात तक लगभग सौ लोग अथक मेहनत करते हैं। सभी देर रात तक काम करते हैं, ताकि वे दर्शकों पर जादू कर सकें।

> आलोचना करना हमेशा सृजन करने से अधिक आसान होता है। जब हम समाज के आलोचकों का सम्मान करने लगते हैं, तो हम अंततः आलोचकों का समाज बन जाते हैं और जब ऐसा होता है, तो सृजनात्मक आशावाद के लिये कोई जगह ही नहीं बचती है।

नाटक के पहले शो में अख़बारों के चार–पाँच आलोचक या समीक्षक दर्शकों के बीच बैठे हुए हैं। अगर वे इसकी धज्जियाँ उड़ा दें, तो नाटक शायद कुछ दिनों या हफ़्तों में ही पिट जायेगा। अगर वे इसकी तारीफ़ कर दें, तो नाटक लंबे समय तक सफलतापूर्वक चल सकेगा। अंतिम विश्लेषण में यह भी हो सकता है कि सफलता या असफलता किसी एक व्यक्ति के निर्णय पर निर्भर करे – जो उस रात को बुरे मूड में हो सकता है!

इस उदाहरण में ग़लत क्या है? एक तरह से देखा जाये, तो कुछ नहीं। आलोचकों या समीक्षकों की एक वैध भूमिका है। समस्या तब होती है, जब हम आलोचकों को अपना हीरो बना लेते हैं या अपने भाग्य का नियंत्रण उनके हाथ में दे देते हैं। जब हम आलोचक को नाटककार से अधिक शक्ति दे देते हैं, तो गड़बड़ हो जाती है। आलोचना करना हमेशा सृजन करने से अधिक आसान होता है। जब हम समाज के आलोचकों का सम्मान करने लगते हैं, तो हम अंततः आलोचकों का समाज बन जाते हैं और जब ऐसा होता है, तो सृजनात्मक आशावाद के लिये कोई जगह ही नहीं बचती है।

> प्रगति की गाड़ी में हमेशा सकारात्मक व आशावादी चिंतन का ईंधन डाला जाता है। लोगों को प्रशंसा और प्रोत्साहन से शक्ति मिलती है।

हमें उन लोगों का सम्मान करना चाहिये, जो सृजन करते हैं और जोखिम उठाते हैं। जब हम समस्या सुलझाने वालों और सृजन करने वालों को श्रेय नहीं देते हैं, तो प्रयोगशीलता का दम घुटने लगता है। जब लोग यह जानते हों कि उनके काम को किसी निर्मम आलोचक की छिद्रान्वेषी आलोचना से होकर गुज़रना पड़ेगा, तो वे अपने आप पीछे हट जाते हैं और रचनात्मक प्रयास नहीं करते। जब हम नकारात्मकता को ज़रूरत से ज़्यादा बढ़ावा देते हैं, जब हम आलोचकों को सर्जकों से ज़्यादा सम्मान देते हैं, तो हम एक ऐसी पीढ़ी तैयार करने का जोखिम लेते हैं, जो सिर्फ़ चीज़ों की धज्जियाँ उड़ाना ही जानती है।

1960 के दशक में राल्फ नैडर ने ऑटोमोबाइल उद्योग की आलोचना की और वे राष्ट्रीय हीरो बन गये। उनके पक्ष में यह कहना होगा कि ऑटोमोबाइल उद्योग में सचमुच सुधार की ज़रूरत थी। परंतु यह जानना भी महत्वपूर्ण है कि राल्फ नैडर ने कभी एक भी गाड़ी नहीं बनाई। आज यह उद्योग कुशलता से बड़े पैमाने पर आधुनिक कारें बना रहा है और उन्हें उस क़ीमत पर बेच रहा है, जिसमें ज़्यादातर लोग कार ख़रीद सकते हैं। कार बनाना एक जटिल प्रक्रिया है, परंतु इसे इतनी विशेषज्ञता से किया जाता है कि हममें से बहुत कम लोगों को इस काम की कठिनाई का आभास होता है। दूसरी ओर, अपनी कार में ग़लती खोजना बहुत आसान है। मुझे जो बात सबसे ज़्यादा प्रभावित करती है, वह यह नहीं है कि हमारी कारों में क्या कमियाँ हैं, बल्कि यह है कि हमारी कारों में कितनी चीज़ें सही हैं। चलता हुआ वाहन बहुत अद्‌भुत उपलब्धि का प्रतीक है।

अगर आप सोचते हैं कि ज़्यादातर लोग मंदबुद्धि या अयोग्य हैं (जैसा कई आलोचक सोचते हैं), या हर बड़ा उद्योग पूरी तरह भ्रष्ट और लालची है, तो यह संभव नहीं है कि आप चीज़ों को बेहतर बनाने के लिये कड़ी मेहनत करेंगे। निराशावाद, दोष ढूँढ़ना, नीचे की ओर देखना – ये सारी बातें अकर्मण्यता की ओर ले जाती हैं। अगर आपको विश्वास हो कि

सिस्टम को ठीक नहीं किया जा सकता, तो आप कभी कोशिश ही नहीं करेंगे। प्रगति की गाड़ी में हमेशा सकारात्मक व आशावादी चिंतन का ईंधन डाला जाता है। लोगों को प्रशंसा और प्रोत्साहन से शक्ति मिलती है।

हम एक अद्भुत युग में रह रहे हैं। बहरहाल, मैं ऐसे बहुत से लोगों को जानता हूँ, जो अब भी "पुराने सुखद दिनों" की मधुर यादों में खोये रहते हैं। वे हमेशा वर्तमान और भविष्य को लेकर निराशावादी होते हैं। वे सोचते हैं कि अगर अर्थव्यवस्था अच्छी है, तो सामाजिक मूल्यों का पतन हो गया होगा; अगर देश में अपराध कम हो गये हैं, तो निजी अनैतिकता बढ़ गई होगी। हालाँकि मेरे पास भी मधुर यादें हैं और मेरे मन में उन लोगों के लिये बड़ा सम्मान है जो मुझसे पहले इस दुनिया में रहे हैं, परंतु मैं अतीत के मोह से ग्रस्त नहीं हूँ। मैं वर्तमान में रहने और भविष्य के प्रति आशावादी बने रहने का विकल्प चुनता हूँ। और मेरे पास ऐसा करने के पर्याप्त कारण हैं!

जब हमारा देश स्थापित हुआ था, तो औसत जीवन आशा चालीस वर्ष से भी कम थी। पुरुष सप्ताह में औसतन बहत्तर घंटे काम करते थे। महिलाओं की स्थिति तो और ख़राब थी। महिलायें घर पर हर सप्ताह लगभग सौ घंटे काम करती थीं और उनकी मदद के लिये तब आधुनिक उपकरण भी नहीं थे। लोग जीवन में अपने जन्मस्थान से दो सौ मील से अधिक दूर की यात्रा नहीं करते थे और अधिकांश तो एक दिन पैदल चलने से अधिक दूर तक शायद ही कभी गये होंगे। बीमारियाँ आम थीं, शिशु मृत्यु दर बहुत ज़्यादा थी, संपत्ति का वितरण असमान था और दासप्रथा का बोलबाला था। क्या आपको यह "पुराने सुखद दिनों" की तस्वीर लगती है?

जब आप आशावादी होते हैं, तो आप समस्या को सुलझाने के बारे में विचार करते हैं; व्यर्थ की आलोचना करने में समय बर्बाद नहीं करते हैं।

आशावाद का अर्थ नादान बनना नहीं होता। आप आशावादी रहकर भी यह जान सकते हैं कि समस्याओं का अस्तित्व है और उनमें से कुछ आसानी से नहीं सुलझ सकतीं। परंतु आशावाद से समस्या सुलझाने वाले के नज़रिये में बहुत बड़ा अंतर आ जाता है। उदाहरण के

तौर पर, बरसों तक मैंने कई लोगों को यह कहते सुना है कि हमारे अंतरिक्ष कार्यक्रम में होने वाला ख़र्च पैसे की बर्बादी है। उनका कहना है, "एक आदमी को चाँद पर पहुँचाने के लिये 455 मिलियन डॉलर ख़र्च करने के बजाय क्यों न इस धन को इस धरती पर ही ख़र्च किया जाये, ताकि ग़रीबी की समस्या सुलझ जाये?" परंतु जब आप उनसे पूछते हैं कि वे ग़रीबी की समस्या को सुलझाने के लिये इस धन को किस तरह ख़र्च करेंगे, तो उनमें से ज़्यादातर के पास कोई जवाब नहीं होता। मैं उनसे कहता हूँ, "अगर आप मुझे समाधान बता दें, तो मैं आपके लिये धन की व्यवस्था कर दूँगा।" सकारात्मक पहलू से देखें कि आप किसी समस्या को किस तरह से सुलझा सकते हैं। किसी दूसरे कार्यक्रम पर होने वाले ख़र्च की आलोचना न करें, जैसे कि अमेरिका का अंतरिक्ष कार्यक्रम, जिसकी महत्वपूर्ण खोजों से मानव जाति को बहुत से लाभ हुए हैं।

आशावाद हमारे मस्तिष्क को नकारात्मकता से दूर ले जाता है और इसे सकारात्मक व रचनात्मक चिंतन में ढालता है। जब आप आशावादी होते हैं, तो आप समस्या को सुलझाने के बारे में विचार करते हैं; व्यर्थ की आलोचना करने में समय बर्बाद नहीं करते हैं। दरअसल आशावाद के बिना ग़रीबी जैसी बड़ी समस्याओं के समाधान की तो कोई आशा ही नहीं है। इस जैसी बड़ी समस्या को सुलझाने के लिये एक स्वप्नदर्शी की आवश्यकता है; एक ऐसे व्यक्ति की, जिसके पास प्रबल आशावादी विचार, सच्ची लगन और असीमित आत्मविश्वास हो। विकल्प का चुनाव आपके हाथों में है।

सबक़ 5

सम्मान

जो व्यक्ति महान लीडर बनता है, वह आम तौर पर अपने समर्थकों का सम्मान करता है। और यह सम्मान उतना ही गहरा तथा सच्चा होता है, जितना कि उसके समर्थकों के मन में उसके प्रति होता है।

रिच डेवॉस

एन. बी. ए. ऑरलैन्डो मैजिक के चेयरमैन और स्वामी होने के नाते रिच डेवॉस की नेतृत्व योग्यतायें बिज़नेस चलाने के अलावा खेल की टीम को मैनेज करने में भी प्रकट होती हैं।

पाँचवा सबक़

सम्मान

एन. बी. ए. ऑरलैन्डो मैजिक और डब्ल्यू. एन. बी. ए. ऑरलैन्डो मिरेकल टीमों के स्वामी के रूप में मैंने कई बार खिलाड़ियों को यह कहते सुना है, "मुझे सम्मान नहीं मिलता।" ये प्रोफ़ेशनल खिलाड़ी हाई स्कूल और कॉलेज में लोगों के आकर्षण का केंद्र होते हैं, परंतु एन. बी. ए. या डब्ल्यू. एन. बी. ए. की कठोर प्रतियोगिताओं में उनकी तरफ़ अक्सर उतना ध्यान नहीं दिया जाता। हो सकता है उन्हें खेलने के लिये उतना समय न मिले या दर्शकों की उतनी तारीफ़ न मिले। जब ऐसा होता है, तो कई खिलाड़ी ध्यान की कमी को सम्मान की कमी मान बैठते हैं। अन्य खिलाड़ी मीडिया कवरेज पर ध्यान केंद्रित करते हैं – हर मैच में स्कोर किये गये पॉइंट्स, टर्नओवर्स, ब्लॉक्स इत्यादि – और उनकी नज़र में यही इस बात का पैमाना होता है कि लोग उनका कितना सम्मान करते हैं।

दुर्भाग्य से, इनमें से कई खिलाड़ी यह नहीं समझ पाते कि सम्मान उन्हीं पर निर्भर करता है। यह उन्हीं की आंतरिक शक्ति से संचालित होता है; स्वयं से प्रेम करने से, अपना सम्मान करने से और यह जानने से कि वे ईश्वर की अद्‌भुत रचना हैं। इसका इस बात से कोई लेना–देना नहीं होता कि उन्हें कितनी देर खेलने का समय दिया गया या दर्शकों या मीडिया ने उनकी तरफ़ कितना ध्यान दिया।

ज़ाहिर है, ऐसे भी खिलाड़ी होते हैं, जो सम्मान को पैसे के तराज़ू में तौलते हैं। वे अपनी आमदनी की तुलना दूसरे खिलाड़ियों की आमदनी से करते हैं। अगर सामने वाले खिलाड़ी को ज़्यादा पैसे मिल रहे हैं, तो वे सोचते हैं कि उसे ज़्यादा सम्मान मिल रहा है। ये लोग भी यह नहीं समझ पाते कि सम्मान इस बात पर निर्भर करता है कि आप व्यक्ति के रूप में स्वयं का कितना सम्मान करते हैं; इसका आपकी आमदनी से कोई लेना–देना नहीं है।

कुछ लोग कहते हैं कि प्रेम से दुनिया चलती है। परंतु व्यावहारिक दृष्टि से देखें, तो लोगों के साथ हमारे रोज़मर्रा के संबंधों में सम्मान से दुनिया चलती है। हर इंसान ईश्वर की

> हर इंसान ईश्वर की छवि में रची गई कृति है, जिसके जीवन का लक्ष्य और स्थान होता है।

छवि में रची गई कृति है, जिसके जीवन का लक्ष्य और स्थान होता है। जब हम इस मानदंड के हिसाब से काम करते हैं, तो हम लोगों को सम्मान देते हैं, उनसे उसी तरह का व्यवहार करके, जिस तरह का व्यवहार हम अपने लिये चाहते हैं। जब हम ऐसा करते हैं, तो हम अर्थपूर्ण और सशक्त तरीक़े से उन्हें स्वीकार करते हैं तथा उन्हें शक्ति देते हैं। हम उनके प्रति सम्मान दर्शाते हैं।

अगर हम इस मानदंड के हिसाब से काम नहीं करते, तो हम अपने पूर्वाग्रहों के अनुसार दूसरों को नीचा दिखाते हैं या नज़रअंदाज़ कर देते हैं। अगर हम लोगों को वर्गीकृत करते हैं या श्रेणियों में बाँटते हैं, तो हम उनसे उनकी गरिमा छीन लेते हैं। हमें लोगों को इस तराजू में नहीं तौलना चाहिये कि उनकी त्वचा का रंग या धर्म क्या है, या वे किस स्कूल में पढ़े हैं या वे किस इलाक़े में रहते हैं या वे कौन सी कार चलाते हैं या वे कैसे कपड़े पहनते हैं या वे कौन सी भाषा बोलते हैं। अगर हम ऐसी दीवारें खड़ी करेंगे, अगर हम लोगों को सिर्फ़ लेबल की तरह देखेंगे, तो हम उन्हें ऐसे इंसानों के रूप में नहीं देख पायेंगे, जिनमें क्षमता और बुद्धि है। बहुत बार ऐसा होता है कि हम लोगों को उनके व्यवसायों से तौलते हैं और उनकी दक्षता व अनूठी तथा अद्‌भुत क्षमताओं को अनदेखा कर देते हैं।

"आम" लोग हर देश की रीढ़ की हड्डी होते हैं। यही वे स्त्री–पुरुष हैं, जो काम को पूरा करते हैं। वे इस धरती के नमक हैं, समाज के ऐसे हीरो हैं, जिनकी प्रशंसा नहीं की जाती। मैं एक बार गर्मियों में एक ऐसे ही व्यक्ति से मिला, जब मैं और मेरा परिवार एक वैकेशन कॉटेज में ठहरे हुए थे। वह आदमी उस इलाक़े का गारबेज कलेक्टर था और वह अपने काम को सर्वश्रेष्ठ तरीक़े से कर रहा था। वह सप्ताह में एक बार सुबह ठीक साढ़े छह बजे आता था। आप उसके आने के समय से अपनी घड़ी मिला सकते थे। कॉटेजों के बीच में घूमते हुए वह कचरे को ट्रक की दिशा में लापरवाही से नहीं फेंकता था और यह आशा नहीं करता था कि कचरा लक्ष्य तक पहुँच जायेगा। प्रयासहीन कौशल के साथ वह डिब्बा उठाता था, ट्रक में

कचरा ख़ाली करता था, डिब्बे को सड़क के किनारे वापस रखता था और सावधानी से उसका ढक्कन बंद कर देता था। सहजता और कुशलता से काम करते हुए इस योग्य व्यक्ति ने शारीरिक रूप से थकाने वाले काम को भी आसान बना दिया था।

दो सप्ताह तक मैंने इस आदमी को काम करते हुए देखा। फिर एक सुबह जब वह आया, तो मैं उसका अभिवादन करने के लिये बाहर निकला। मैंने उससे कहा, "आपके काम करने का तरीक़ा बहुत बढ़िया है।"

उसने मुझसे पूछा, "आप घर जा रहे हैं या आप घर से निकलकर कहीं जा रहे हैं?" मुझे लगता है उसने यह कल्पना भी नहीं की होगी कि कोई आदमी सुबह—सुबह बिस्तर छोड़कर सिर्फ़ उसकी प्रशंसा करने के लिये बाहर निकल सकता है।

मैंने कहा, "ऐसी कोई बात नहीं है। मैं तो आपको सिर्फ़ यह बताने के लिये बाहर आया हूँ कि आपके काम करने का तरीक़ा बहुत प्रशंसनीय है।"

'आम' लोग हर देश की रीढ़ की हड्डी होते हैं। यही वे स्त्री-पुरुष हैं, जो काम को पूरा करते हैं। वे इस धरती के नमक हैं, समाज के ऐसे हीरो हैं, जिनकी प्रशंसा नहीं की जाती।

जब मैंने यह कहा, तो उसके चेहरे पर बड़ी सी मुस्कान खिल गई। फिर उसने मुझे बताया कि वह बारह साल से कचरा उठा रहा है, परंतु किसी ने भी उसकी कभी तारीफ़ नहीं की, जिसमें उसका बॉस भी शामिल था। बारह साल से यह गारबेज कलेक्टर सर्वश्रेष्ठ और गरिमापूर्ण ढंग से अपना काम कर रहा था, परंतु उसे प्रोत्साहन या धन्यवाद का एक भी शब्द सुनने को नहीं मिला। उस आदमी में आत्मसम्मान था।

सम्मान इस बात से शुरू होता है कि आप अपने बारे में क्या सोचते हैं। इसका इस बात से कोई लेना—देना नहीं होता कि दूसरे आपके बारे में क्या कहते हैं। सम्मान शुरू होता है स्वयं को जानने से, स्वयं से प्रेम करने से, स्वयं को स्वीकार करने से।

व्यक्ति और नागरिक के रूप में हर इंसान सम्मान के योग्य है — और मेरा अर्थ है हर

इंसान। मैं जानता हूँ कि कई लोगों के साथ समस्यायें होती हैं और कइयों में कमियाँ भी होती हैं। मैं जानता हूँ कि ऐसे भी लोग होते हैं, जो आलसी और अविश्वसनीय होते हैं तथा काम नहीं करते। परंतु क्या आप जानते हैं आज कितने लोग काम पर गये? सिर्फ़ अमेरिका में आज 12,50,00,000 लोग नौकरी करने गये। अधिकांश लोग हर दिन उठते हैं और जीवन के हर क्षेत्र में काम करने जाते हैं। यही वे लोग हैं, जो समाज को चलाते हैं। उनके बिना दुनिया में अराजकता फैल जायेगी।

बरसों तक मैंने इस बारे में काफ़ी विचार किया कि किन गुणों की वजह से इंसान अच्छा लीडर बनता है और प्रभावी होने के लिये किन गुणों की आवश्यकता होती है। मैं इस निष्कर्ष पर पहुँचा हूँ कि दूसरों के प्रति सम्मान वह सबसे अनिवार्य गुण है, जो किसी लीडर में होना चाहिये। बिज़नेस या संगठन को चलाने का तकनीकी ज्ञान महत्वपूर्ण है, परंतु अगर आप अपने साथ काम करने वालों – अपने सहकर्मियों, कर्मचारियों और ग्राहकों – का सम्मान नहीं करते, तो यह ज्ञान महत्वहीन हो जाता है। और अगर वे आपका सम्मान नहीं करते, तो आप लीडर नहीं हैं।

सम्मान पारस्परिक होता है। "जो आप देते हैं, वही आपके पास वापस लौटता है।" दूसरे शब्दों में, यदि आप सम्मान पाना चाहते हैं, तो आपको दूसरों को सम्मान देना चाहिये। अगर आप सम्मान नहीं देते, तो वह आपके पास लौटकर नहीं आयेगा। लोग यह समझ जाते हैं कि आप कब उन्हें महत्व और सम्मान दे रहे हैं – और वे यह भी समझ जाते हैं कि आप कब ऐसा नहीं कर रहे हैं। आप असम्मान को छुपा नहीं सकते। लोग आपके नज़रिये से यह समझ जाते हैं, चाहे वे इसे शब्दों में स्पष्ट न कर सकते हों।

सम्मान कोई ऐसी चीज़ नहीं है, जिसे माँगकर हासिल किया जा सके। इसे तो अर्जित करना पड़ता है। वर्षों पहले, मैंने अपनी मोटर याट "एन्टरप्राइज़" पर एक सप्ताह बिताया, जिसमें हम एमवे के बेहद सफल डिस्ट्रिब्यूटर्स का सम्मेलन आयोजित करते हैं। उस समय हमारे पास एक नया कप्तान था। सप्ताह के प्रारंभ में वह मुझे एकांत में ले गया और उसने मुझे

रिच डेवॉस और जे वॉन एन्डैल – मित्र, पार्टनर, और एमवे के सहसंस्थापक – ने हमेशा एक–दूसरे का गहरा सम्मान किया है।

बताया कि हालाँकि वह अपने अधीनस्थों से सम्मान माँग रहा है, परंतु वे उसे सम्मान नहीं दे रहे हैं। मैंने उसे बताया कि सम्मान माँगने से नहीं मिलता; उसे तो अर्जित करना पड़ता है। उस सप्ताह की घटनाओं को देखने के बाद मेरे सामने यह स्पष्ट हो गया कि कप्तान मेरे विचार से सहमत नहीं था। वह "सम्मान" माँगता रहा और उसने दूसरों के प्रति – यानी अपने अधीनस्थों के प्रति – सम्मान नहीं दिखाया। वह हमारे साथ ज़्यादा समय तक नहीं रह पाया।

सम्मान कोई ऐसी चीज़ नहीं है, जिसे माँगकर हासिल किया जा सके। इसे तो अर्जित करना पड़ता है।

मुझसे अक्सर विभिन्न समूहों के सामने बोलने के लिये कहा जाता है और कुछ समय से मैं अपनी चर्चा इस आसान स्वीकारोक्ति से शुरू करता हूँ, "मैं एक पापी हूँ, जो ईश्वर की कृपा से ही बच सकता है।" हम एक ऐसे समाज में रह रहे हैं, जो सामाजिक प्रतिष्ठा और दौलत को लेकर पागल है। ऐसे समाज में यह जानना महत्वपूर्ण है कि हममें से कोई भी ईश्वर की कसौटी पर पूरी तरह खरा नहीं उतर सकता। जब हम स्वयं को सामने वाले से नैतिक रूप से श्रेष्ठ समझते हैं, तो हम उसका सम्मान नहीं कर सकते। परंतु यह याद रखें : ईसामसीह ने धार्मिक पाखंडियों की सबसे कठोर आलोचना की है – उन लोगों की, जो अपने अलावा किसी का सम्मान नहीं करते थे।

उन सब लोगों के बारे में सोचिये, जिनके आप नियमित संपर्क में आते हैं – परिवार, मित्र, ग्राहक और सहकर्मी। वे सब आपके जीवन को किसी अनूठे या ख़ास तरीक़े से स्पर्श करते हैं। इनमें से कितने लोग यह जानते हैं कि आप उनके काम और व्यक्तित्व का सम्मान करते हैं? हो सकता है आप मन में उनकी सराहना करते हों या आपको उनकी ज़रूरत महसूस होती हो, परंतु क्या आपने ऐसा कहा है? उन्हें बता दें। उन्हें दिखा दें। उन्हें वह सम्मान दें, जिसके वे हक़दार हैं। उनके प्रति अपने सम्मान को शब्दों में व्यक्त करें। आख़िर सम्मान से ही तो दुनिया चलती है।

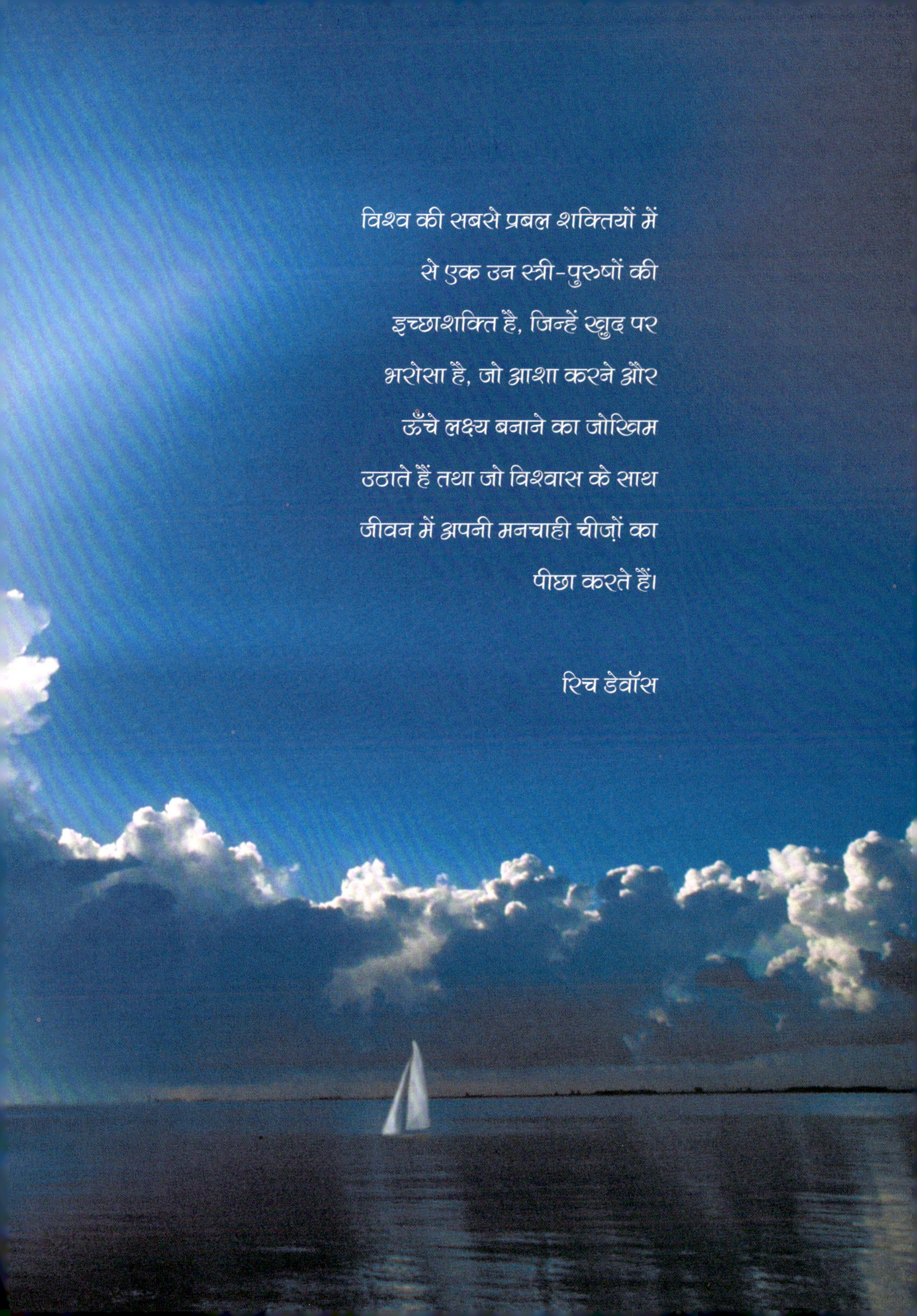

विश्व की सबसे प्रबल शक्तियों में
से एक उन स्त्री-पुरुषों की
इच्छाशक्ति है, जिन्हें खुद पर
भरोसा है, जो आशा करने और
ऊँचे लक्ष्य बनाने का जोखिम
उठाते हैं तथा जो विश्वास के साथ
जीवन में अपनी मनचाही चीज़ों का
पीछा करते हैं।

रिच डेवॉस

सबक़ 6

जवाबदेही

हर व्यक्ति किसी न किसी

के प्रति जवाबदेह होता है।

रिच डेवॉस

रिच डेवॉस अपनी पत्नी हेलन को श्रेय देते हैं कि वे उनके और उनके बच्चों के लिये आस्था की जीवनज्योति बनीं।

छठा सबक़

जवाबदेही

जवाबदेही उतनी ही प्राचीन है, जितना कि गार्डन ऑफ ईडन। जब आदम और हव्वा ने सेबफल खाया, तो दोनों ने ही ज़िम्मेदारी से बचने की कोशिश की। आदम ने हव्वा को दोष दिया और हव्वा ने सर्प को। परंतु दिन ख़त्म होने से पहले दोनों को ही उनके कार्यों के लिये ज़िम्मेदार माना गया।

जब हम इन बहानों को पढ़ते हैं, तो हमें हँसी आती है। जब आदम और हव्वा को पकड़ा गया, तो उनकी प्रतिक्रिया दयनीय थी: "हव्वा ने मुझसे यह काम करवाया"... "सारी ग़लती सर्प की थी।" परंतु हमें ज़्यादा ज़ोर से नहीं हँसना चाहिये, क्योंकि सकता है हमारी भी इसी तरह दोष देने की आदत हो। ईश्वर ने हमें स्वतंत्र इच्छा दी है। हम विकल्प चुन सकते हैं — परंतु हमें उस चुनाव की ज़िम्मेदारी लेना होगी।

हर व्यक्ति किसी न किसी के प्रति जवाबदेह होता है। जवाबदेही वह गोंद है, जो समाज को जोड़े रखती है। सामाजिक अनुबंध निर्धारित करता है कि हमें एक–दूसरे के साथ किस तरह व्यवहार करना चाहिये। हालाँकि सैद्धांतिक दृष्टि से यह सही है, परंतु व्यवहार में सामाजिक अनुबंध अमूर्त भी होता है और मूर्त भी। मूर्त अनुबंध हमारे देश के कानून हैं। अमूर्त परंतु अधिक महत्वपूर्ण अनुबंध हमारे अपने व्यक्तिगत मूल्यों यानी हमारी जवाबदेही में प्रदर्शित होता है। कुछ सिद्धांतों में हमारे व्यक्तिगत विश्वास के माध्यम से यह हमारे दैनिक जीवन में प्रकट होता है। यह बाह्य व्यवहार के प्रति हमारी आंतरिक प्रतिबद्धता है।

हममें से हर एक अपने कामों के लिये ज़िम्मेदार है, और अच्छे व्यवहार के लिये पुरस्कार मिलना चाहिये तथा ग़लत व्यवहार के लिये दंड। यह इतना मूलभूत विचार है कि बीसवीं सदी के उत्तरार्ध तक किसी ने इसे गंभीर चुनौती नहीं दी। दुर्भाग्य से आज कई समूहों में व्यक्तिगत ज़िम्मेदारी के विचार की चमक फीकी पड़ गई है। कई सांस्कृतिक आलोचक हमें

> *बुरी से बुरी स्थिति में भी, खेल के असमतल से असमतल मैदान में भी असंख्य लोगों ने अच्छे निर्णय लिये हैं, खुद को जवाबदेह माना है और अपने लक्ष्य हासिल किये हैं।*

यह विश्वास दिलाने की कोशिश कर रहे हैं कि कोई भी व्यक्ति अपने कार्यों के लिये सचमुच ज़िम्मेदार या जवाबदेह नहीं होता, क्योंकि लोग तो सिर्फ़ सामाजिक शक्तियों के प्रॉडक्ट होते हैं।

इन आलोचकों की यह बात मैं मान सकता हूँ कि कई लोगों को ज़िम्मेदारीपूर्ण व्यवहार करने में भारी मुश्किलों का सामना करना पड़ता है। खेल का मैदान हमेशा समतल नहीं होता, और मुश्किल परिस्थितियों में रहने वालों को बड़े प्रलोभनों तथा उससे भी बड़ी मुश्किलों का सामना करना पड़ सकता है। इस बात में भी कोई संदेह नहीं है कि जीवन में सफलता हासिल करने के लिये कुछ लोगों को दूसरों की तुलना में ज़्यादा लंबा सफ़र तय करना पड़ता है। बहरहाल, अगर हम यह दावा करें कि कुछ लोग ख़राब माहौल में रहने की वजह से अपने कार्यों के लिये ज़िम्मेदार नहीं हैं, तो हमें यह मानना होगा कि दरअसल उनके पास विकल्प चुनने की स्वतंत्रता नहीं है। और यह सच नहीं है। हर इंसान के पास विकल्प होता है।

यह दावा करना कि कुछ लोगों के पास कोई विकल्प नहीं होता या उनके पास कोई स्वतंत्र इच्छा नहीं होती, उन्हें उनके कामों की ज़िम्मेदारी से मुक्त कर देता है। यह उन्हें छोटे रोबोटों में बदल देता है, जिनकी प्रोग्रामिंग समाज द्वारा की जाती है। और यह उन लोगों का अपमान है, जो वैसी ही स्थितियों में रहने के बावजूद सफल हुए हैं। बुरी से बुरी स्थिति में भी, खेल के असमतल से असमतल मैदान में भी असंख्य लोगों ने अच्छे निर्णय लिये हैं, खुद को जवाबदेह माना है और अपने लक्ष्य हासिल किये हैं।

यह एक भयानक क़िस्म का सिद्धांत है, जो सोचता है कि लोग कठपुतलियाँ हैं और सामाजिक स्थितियाँ उन्हें नचाने वाली डोर हैं। इसका यह मतलब निकलता है कि कुछ लोगों

में ही इतनी बुद्धि और शक्ति होती है कि वे अपने जीवन को नियंत्रित कर सकें, जबकि बाक़ी लोगों को समाज नियंत्रित करता है। इसका यह मतलब भी निकलता है कि वे या तो कमज़ोर होते हैं या फिर इतने अज्ञानी कि वे बुद्धिमत्तापूर्ण विकल्प नहीं चुन सकते।

इस तरह के "बलि के बकरे" (स्केपगोट) की खोज एक राष्ट्रीय मनोरंजन बन चुका है। हमारे लिये बलि के बकरे हैं शिक्षा तंत्र, आपराधिक न्याय तंत्र, सरकार और पूँजीपति। दुर्भाग्य से, हम पुरानी यहूदी परंपरा से काफ़ी आगे निकल आये हैं, जहाँ से हमने 'स्केपगोट' शब्द उधार लिया है। सच तो यह है कि हमने पूरे विचार को सिर के बल खड़ा कर दिया है।

पुराने यहूदियों के लिये प्रायश्चित का दिन एक ऐसा दिन था, जब लोग अपने पापों से मुक्ति पाते थे। यह सामूहिक आत्मचिंतन और प्रायश्चित का दिन था। कोई भी इससे मुक्त नहीं था। राजा से लेकर गड़रिये तक हर व्यक्ति इसमें भाग लेता था। यहाँ तक कि मुख्य पुजारी भी अपने आधिकारिक कर्तव्यों को करने से पहले अपने और अपने परिवार के पापों को स्वीकार करता था। फिर एक नाटकीय सार्वजनिक समारोह में मुख्य पुजारी बकरे की गर्दन में एक लाल धागा बाँधता था। इसके बाद उस बकरे को, जो लोगों के पापों का प्रतिनिधित्व करता था, नगर के द्वार से बाहर भेज दिया जाता था और वह प्रतीकात्मक रूप से सबके पापों को जंगल में ले जाता था।

बलि का बकरा व्यक्तिगत जवाबदेही का प्रतीक था; यह किसी दूसरे व्यक्ति को दोष देने का आसान उपाय नहीं था। प्राचीन परंपरा का लक्ष्य व्यक्तिगत और राष्ट्रीय असफलता का प्रायश्चित करवाना तथा इसकी ज़िम्मेदारी स्वीकार करवाना था।

मैं यह सुझाव नहीं दे रहा हूँ कि हम इस रस्म को फिर से शुरू कर दें, परंतु मैं यह कहना चाहता हूँ कि प्रायश्चित के दिन के पीछे छुपे सिद्धांत आज भी लागू होते हैं। बलि के बकरे की परंपरा अपनी ग़लतियाँ मानने और क्षमा माँगने से संबंधित थी। हर व्यक्ति अपने कामों के लिये उत्तरदायी था, व्यक्तिगत रूप से भी और सामूहिक रूप से भी। जब हम अपने

कामों की पूरी ज़िम्मेदारी लेते हैं, तभी हम अपनी ग़लतियों के बोझ को कम कर सकते हैं और आगे बढ़ सकते हैं।

हाल के कुछ वर्षों में मैंने इस तरह की जवाबदेही को खेल की दुनिया में अपनी आँखों से देखा है। मैं कई प्रख्यात बास्केटबॉल खिलाड़ियों को जानता हूँ, जिन्होंने बड़ी–बड़ी बाधायें पार की हैं और दौलत तथा शोहरत हासिल की है। ऑरलैन्डो मैजिक और मिरेकल टीमों के कई खिलाड़ी एक अभिभावक वाले परिवारों से आये हैं, जहाँ उनकी माताओं ने उन्हें उनका सर्वश्रेष्ठ प्रदर्शन करने के लिये प्रेरित किया। हमारा एक खिलाड़ी तो तब तक बास्केटबॉल नहीं खेल सकता था, जब तक कि वह स्कूल में ए ग्रेड न ले आये। उसकी माँ ने उसे अच्छे नंबर लाने के लिये जवाबदेह ठहराया, क्योंकि वे जानती थीं कि उसमें अच्छे नंबर लाने की क्षमता थी। उसे ए ग्रेड मिलते रहे और उसे बिग टेन स्कूल की स्कॉलरशिप भी मिली। आज वह स्नातक है और एन. बी. ए. में खेलता है।

जब हम अपने कामों की पूरी ज़िम्मेदारी लेते हैं, तभी हम अपनी ग़लतियों के बोझ को कम कर सकते हैं और आगे बढ़ सकते हैं।

जवाबदेही हमेशा अपनी ज़िम्मेदारी मानने के बारे में है, इसे किसी दूसरे व्यक्ति पर थोपने के बारे में नहीं है। दुर्भाग्य से आज हम ऐसे समय में रह रहे हैं, जब हमारे राष्ट्रीय नेता अपने पापों को शायद ही कभी स्वीकार करते हैं – चाहे उन्हें रंगे हाथों ही क्यों न पकड़ लिया जाये। आज सार्वजनिक जीवन के हर स्तर पर लोग जवाबदेही से कतरा रहे हैं। स्वीकार करने के बजाय हम छुपाते हैं। पूरी सच्चाई बताने के बजाय हम बात को घुमाने की कोशिश करते हैं यानी कि किसी बुरी स्थिति को अच्छी रोशनी में दिखाने का प्रयास करते हैं। जवाबदेही से बचना स्पिन डॉक्टर्स (राजनीतिक प्रवक्ताओं) के लिये पूर्णकालिक काम बन चुका है।

अपने सक्रिय बिज़नेस जीवन और रिटायरमेंट के बाद के वर्षों का अवलोकन करते समय जब मैं जवाबदेही के विषय में सोचता हूँ, तो मेरे दिमाग़ में तीन सिद्धांत उभरकर आते

हैं। पहला सिद्धांत है, आपके पास जितना ज़्यादा है, आप उतने ही ज़्यादा जवाबदेह हैं। दूसरा सिद्धांत है, बिना स्वतंत्रता के जवाबदेही नहीं होती। तीसरा सिद्धांत है, बिना मूल्यांकन के जवाबदेही नहीं होती।

दुर्भाग्य से आज हम ऐसे समय में रह रहे हैं, जब हमारे राष्ट्रीय नेता अपने पापों को शायद ही कभी स्वीकार करते हैं - चाहे उन्हें रंगे हाथों ही क्यों न पकड़ लिया जाये। आज सार्वजनिक जीवन के हर स्तर पर लोग जवाबदेही से कतरा रहे हैं।

पहला सिद्धांत: आपके पास जितना ज़्यादा है, आप उतने ही ज़्यादा जवाबदेह हैं। 'टेलेन्ट' के बारे में बाइबल की नीतिकथा इस सिद्धांत का एक अच्छा उदाहरण है। बलि के बकरे की तरह ही यह नीतिकथा भी हमारी संस्कृति का एक ऐसा हिस्सा बन चुकी है, जिसके मूल और शाब्दिक अर्थ को हम भूल चुके हैं। हमारे लिये "टेलेन्ट" का अर्थ है किसी व्यक्ति की कोई विशेष योग्यता या गुण, परंतु ईसामसीह के ज़माने में "टेलेन्ट" शब्द का अर्थ होता था धन का एक सिक्का (मैथ्यू 25:14-30)। यह विशेष रूप से प्रासंगिक हो जाता है, जब हम एक अन्य नीतिकथा में ईसामसीह की चेतावनी पढ़ते हैं: "जिसे ज़्यादा दिया गया है, उससे ज़्यादा माँगा जायेगा" (ल्यूक 12:48)। हमें इन शब्दों को गंभीरता से लेना चाहिये। ईसामसीह के अनुसार अमीर आदमी को उसकी संपत्ति के उपयोग के लिये जवाबदेह माना जाना चाहिये। इसलिये अगर आपका लक्ष्य अमीर बनना है, तो आपको इसके साथ आने वाली ज़िम्मेदारी उठाने के लिये भी तैयार रहना होगा।

इस बारे में कोई ग़लतफ़हमी न पालें: हमारी पूँजी कुछ भी हो – आर्थिक, व्यक्तिगत, पद, अवसर या योग्यता – हमसे उस पूँजी के सर्वश्रेष्ठ उपयोग की अपेक्षा की जाती है। यही वजह है कि जिन लोगों का सार्वजनिक प्रभाव अधिक होता है, उन पर अच्छा उदाहरण पेश करने की ज़्यादा बड़ी ज़िम्मेदारी होती है, क्योंकि उनके जीवन पर लोग ज़्यादा ध्यान देते हैं। इसके अलावा, जिनमें अधिक बुद्धि है, उन्हें अपनी बुद्धि का प्रयोग जनहित में करना चाहिये

और जिनमें कलात्मक प्रतिभा है, उनकी यह विशेष ज़िम्मेदारी है कि वे लोगों को प्रेरित और शिक्षित करें। दरअसल हममें से हर एक से अपेक्षा की जाती है कि हम अपने विशेष गुणों को सम्मानजनक लक्ष्यों का पीछा करने में लगायें। और मेरा दृढ़ विश्वास है कि हर व्यक्ति में कोई न कोई योग्यता अवश्य होती है। टेलेन्ट की नीतिकथा हर व्यक्ति पर लागू होती है।

दूसरा सिद्धांत: बिना स्वतंत्रता के जवाबदेही नहीं होती। जवाबदेही और स्वतंत्रता एक ही सिक्के के दो पहलू हैं। एक के बिना आपको दूसरा नहीं मिल सकता। जब मैं एमवे का प्रेसिडेंट था, तो मैंने यह जल्दी ही सीख लिया कि किसी मैनेजर को कम उत्पादन के लिये ज़िम्मेदार ठहराना तब तक व्यर्थ है, जब तक मैंने वह काम करवाने के पूरे अधिकार व स्वतंत्रता उसे न दी हो। अगर वह निर्णय लेने के लिये स्वतंत्र नहीं है, तो मैं उसे परिणामों के लिये दोष नहीं दे सकता। अगर हम लोगों को जव़ाबदेह बनाना चाहते हैं, तो हमें एक ऐसा माहौल, एक ऐसा समाज बनाना होगा, जिसमें उनके पास जोखिम लेने और ग़लतियाँ करने की स्वतंत्रता हो। हमारे पास असफल होने की स्वतंत्रता होना चाहिये और हम जितना आगे बढ़ सकते हैं, हमारे पास उतना आगे बढ़ने की स्वतंत्रता होना चाहिये।

> अगर हम लोगों को जवाबदेह बनाना चाहते हैं, तो हमें एक ऐसा माहौल, एक ऐसा समाज बनाना होगा, जिसमें उनके पास जोखिम लेने और ग़लतियाँ करने की स्वतंत्रता हो।

साम्यवाद के विघटन से पहले (जो ख़ास तौर पर बर्लिन की दीवार के गिरने और सोवियत संघ के पतन के बाद हुआ) साम्यवादी देश अपनी विशालकाय अफ़सरशाही के कारण जवाबदेही के अभाव पर गर्व करते थे। उनका दावा था कि प्रतियोगिता के असहनीय दबावों को दूर करने का उपाय है एक "समतावादी" समाज, जिसमें सरकार हर एक को नौकरी की सुरक्षा की गारंटी देती है। बहरहाल, अंत में सरकार की गारंटी का कोई ख़ास महत्व नहीं रहा। ऐसे आर्थिक तंत्र को असफल होना ही था, जिसमें

रिच डेवॉस द्वारा 'उदार पूँजीवाद' का अनुसरण दुनिया भर में एक अनुकरणीय मिसाल बन चुका है।

किसी को भी यह ज़िम्मेदारी नहीं सौंपी गई कि कंपनी पैसा कमाये या एजेंसी प्रभावी ढंग से और ईमानदारी से चले। प्रतियोगिता की स्वतंत्रता के बिना – विकल्प चुनने की स्वतंत्रता के बिना, चाहे उस चुनाव का अंत सफलता हो या असफलता – साम्यवादी राज्य का परिणाम नैतिक और आर्थिक दिवालियापन होना ही था।

तीसरा सिद्धांत: बिना मूल्यांकन के जवाबदेही नहीं होती। किसी तरह के निष्पक्ष मूल्यांकन के बिना जवाबदेह होना मुश्किल होता है। हम सभी को अपने व्यक्तिगत प्रदर्शन का मूल्यांकन करने में सहयोग की ज़रूरत होती है। अपने पूरे सक्रिय जीवन में मेरा यह सौभाग्य था – दरअसल मैं तो कहूँगा कि यह ईश्वर का वरदान था – कि मुझे जे जैसा पार्टनर मिला, जो मुझसे प्रेम करता था और मुझे सच्चाई बता देता था। मेरे बिज़नेस निर्णयों के उसके मूल्यांकन को मैंने हमेशा महत्व दिया। उस मूल्यांकन के बिना मैंने ज़्यादा ग़लतियाँ की होतीं। और मैंने भी उसके लिये ऐसा ही किया। हम एक–दूसरे पर निर्भर थे, क्योंकि हम जानते थे कि कोई भी अपने ख़ुद के प्रदर्शन के बारे में निष्पक्ष नहीं हो सकता।

मूल्यांकन कई रूपों में हो सकता है। स्कूल में शिक्षक अपने विद्यार्थियों की प्रगति का मूल्यांकन करने के लिये टेस्ट और परीक्षायें लेते हैं। मानवीय तत्व के कारण यह आवश्यक नहीं है कि मूल्यांकन हमेशा निष्पक्ष हो। परंतु यदि मूल्यांकन के साधन ही न हों, तो विद्यार्थी ख़ुद को औसत जीवन के दलदल में फँसा हुआ पायेंगे। मूल्यांकन के न्यायपूर्ण तंत्र से कड़ी मेहनत करने और उसका पुरस्कार प्राप्त करने की प्रेरणा को बल मिलता है। बिना नियमित मूल्यांकन के मेहनती विद्यार्थी या शिक्षक – या किसी भी व्यवसाय में कोई भी व्यक्ति – उन लोगों से ऊपर नहीं उठ सकता, जो काम नहीं करना चाहते और सिर्फ़ बहाव में बहते रहते हैं।

जवाबदेही के दबावों से बचाकर हम किसी का भला नहीं करते। मूल्यांकन, चाहे वह स्वैच्छिक हो या अनिवार्य, उत्कृष्टता को प्रोत्साहित करने में मुख्य भूमिका निभाता है। जब जे

और मैंने एमवे शुरू किया, तो हम हर छह महीनों में मूल्यांकन करते थे। कर्मचारियों का मूल्यांकन न सिर्फ़ तनख़्वाह बढ़ाने के लिये किया जाता था, बल्कि उनके लक्ष्यों और आशाओं को परखने के लिये भी किया जाता था।

ज़ाहिर है, असफल होना कोई अपराध नहीं है। कई बार मूल्यांकन से हमें अपनी वास्तविक प्रतिभा या योग्यता के ज्ञान में मदद मिलती है। अगर हम किसी काम में असफल हो रहे हैं, तो हम यह जान सकते हैं कि हमें कहीं और कोशिश करना चाहिये। अमेरिकी चित्रकार जेम्स व्हिसलर ने एक बार बताया था कि वे वेस्ट पॉइन्ट में केमिस्ट्री की परीक्षा में फ़ेल हो गये थे। उन्होंने कहा, "अगर सिलिकॉन एक गैस होती, तो आज मैं मेजर जनरल होता।" अगर उन्हें मूल्यांकन के लिये उस परीक्षा में नहीं बिठाया गया होता, तो आज हमारे पास एक महान चित्रकार के बजाय एक दोयम दर्जे का सिपाही होता।

हर व्यक्ति किसी न किसी के प्रति जवाबदेह होता है। इस जवाबदेही का प्रयोग इस तरह करें, ताकि यह आपको उस तरफ़ आगे बढ़ाये, जहाँ आप जाना चाहते हैं।

रिच डेवॉस और जे वॉन एन्डैल ने एमवे को 1959 में अपने घर के बेसमेंट में शुरू किया और 1960 में एडा, मिशिगन में एक सर्विस स्टेशन ख़रीदकर उसे अपना नया हेडक्वार्टर बनाया।

आज एमवे कई बिलियन डॉलर का अंतर्राष्ट्रीय बिज़नेस है। एडा, मिशिगन में इसका मुख्यालय एक मील से अधिक क्षेत्र में फैला हुआ है।

7
सबक़

परिवार

सशक्त परिवार सशक्त लोगों से बनते हैं, जो अभिभावक होने के महत्व को अच्छी तरह समझते हैं और ज़रूरत पड़ने पर वे अपना पूरा जीवन अपने घर-परिवार के चारों तरफ़ व्यवस्थित करने के इच्छुक होते हैं।

रिच डेवॉस

रिच डेवॉस ने अपने माता–पिता ईथेल और साइमन तथा अपनी बहनों बर्नी और जेन के साथ पारिवारिक निष्ठा का सबक़ सीखा।

सातवाँ सबक़

परिवार

मेरे पास अपने पारिवारिक जीवन की सुखद यादें हैं, जो मेरे बचपन से शुरू होती हैं। हमारे परिवार में बहुत एकता थी। हमने कई बार आर्थिक रूप से संघर्ष किया, परंतु हमने इकट्ठे संघर्ष किया। हमारे आसपास हमेशा बहुत सा प्रेम मौजूद था। मेरे विस्तृत परिवार ने मुझे प्रेम का अर्थ समझाने में मुख्य भूमिका निभाई और मेरे माता–पिता ने मुझे ईसाई मूल्य प्रदान किये, जो मेरे जीवन का आधारस्तंभ रहे हैं। मेरे जीवन में ऐसा एक भी पल नहीं रहा, जब मुझे लगा हो कि कोई मुझसे प्रेम नहीं करता है या मुझे जीवन की समस्याओं का अकेले सामना करना पड़ रहा है।

मैं पीछे मुड़कर स्पष्ट रूप से देख सकता हूँ कि व्यक्ति के रूप में मेरे विकास के लिये मेरा परिवार कितना अधिक महत्वपूर्ण था। बिज़नेस में मुझे बाद में जो सफलता मिली, उसमें कुछ हद तक सेल्स लाइन में मेरी रुचि का हाथ था। शुरुआती जीवन में मैंने सेलिंग के बारे में जो भी सीखा, उसमें से ज़्यादातर अपने दादाजी से सीखा। और मैं अपने पिताजी को इस बात का श्रेय देता हूँ कि उन्होंने मुझमें उद्यमिता (इन्टरप्रेन्योरशिप) के संस्कार डाले। वे एक इलेक्ट्रिशियन थे – एक अद्‌भुत, मेहनती और ईमानदार व्यक्ति। परंतु वे पूरे जीवन इस बात को लेकर कुंठित रहे कि वे अपने खुद के बिज़नेस के मालिक नहीं थे। उन्होंने मुझे हमेशा यह सलाह दी, जिसका मुझ पर बहुत गहरा प्रेरणादायी प्रभाव पड़ा, "तुम चाहे जो करो, परंतु अपना खुद का बिज़नेस करना।" मेरे पिताजी जल्दी ही गुज़र गये – उस वक़्त वे सिर्फ़ 59 वर्ष के थे – परंतु उन्होंने अपने जीवन में मुझे कुछ हद तक सफल होते देख लिया। और अपनी मृत्यु से पहले उन्होंने मुझे यह याद रखने को कहा, "यह कभी मत भूलना कि तुम्हारा बिज़नेस ईमानदारी और दूसरों के प्रति न्याय की बुनियाद पर टिका है।" उनकी यह बात मुझे ज़िंदगी भर याद रही।

प्रेम और ज़िम्मेदारी घर पर सीखे जाते हैं। यहीं पर जीवनमूल्य एक पीढ़ी से दूसरी पीढ़ी को सौंपे जाते हैं। ईश्वर के प्रति मेरा दृष्टिकोण भी परिवार में ही विकसित हुआ, जब हमारा परिवार डिनर के वक़्त सिर झुकाकर ईश्वर को उसकी नियामतों के लिये धन्यवाद देता था। आज हम अक्सर यह वाक्यांश सुनते हैं "अच्छा जीवन"। परंतु अच्छा जीवन क्या है? क्या यह दमन और भय से मुक्ति है? क्या यह प्रजातांत्रिक पूँजीवाद है? क्या यह आर्थिक स्वतंत्रता है? क्या यह शारीरिक ऐशोआराम है? क्या यह ख़ाली समय है? ये सारी चीज़ें "अच्छे जीवन" का हिस्सा तो हो सकती हैं, परंतु सुदृढ़ व प्रेमपूर्ण परिवार के बिना इनका कोई ख़ास महत्व नहीं होता। प्रजातंत्र की नींव, वह आधार जिस पर अच्छा जीवन बनता है, परिवार नाम की संस्था है।

जिन संस्थाओं से समाज बनता है, अगर मैं उन्हें उनके महत्व के क्रम में रखूँ, तो मुझे परिवार को सबसे ऊपर रखना होगा। हर संस्था, चाहे वह प्रतिनिधि सरकार हो, मुक्त बाज़ार की अर्थव्यवस्था हो, अच्छे स्कूल और विश्वविद्यालय हों, या चर्च हो, अपने अस्तित्व के लिये परिवार के स्वास्थ्य पर निर्भर है। मानवीय अस्तित्व के लिये परिवार इतना मूलभूत है कि बड़े से बड़े सामाजिक परिवर्तन या राजनीतिक उथलपुथल के लिये भी इसे मिटाना संभव नहीं है। बहरहाल, लगातार जटिल और विभाजित होती जा रही दुनिया ने परिवार पर आज बहुत दबाव डाल दिया है। अगर व्यक्तियों और समाज के रूप में हम अपने जीवनसाथी और बच्चों के प्रति अपने कर्तव्यों का निर्वाह नहीं करेंगे, तो हमें इसकी बहुत बड़ी क़ीमत चुकाना पड़ेगी।

> प्रजातंत्र की नींव, वह आधार जिस पर अच्छा जीवन बनता है, परिवार नाम की संस्था है।

स्वस्थ परिवार साझी प्रतिबद्धता पर निर्भर करता है। परिवार के सदस्य एक–दूसरे के प्रति और कुछ निश्चित जीवनमूल्यों, ख़ासकर धार्मिक आस्था के प्रति प्रतिबद्धता को स्वीकार करते हैं। इस तरह की प्रतिबद्धता और जीवनमूल्यों के बारे में अति–संतुष्टि के गहरे नकारात्मक परिणाम हो सकते हैं और हम अपने

समाज में इन परिणामों को हर दिन देख रहे हैं – लापरवाह या कठोर अभिभावक, टूटते हुए विवाह और बिखरे हुए घर, तथा शराब या मादक द्रव्यों के आदी, मंदबुद्धि, नैतिक रूप से अशिक्षित या हिंसक बच्चे। आध्यात्मिक जीवनमूल्यों की नींव के बिना हमारे बच्चों के पास ऐसा संबल नहीं होगा, जिसके सहारे वे मुश्किल समय को पार कर सकें।

अधिकांश माता–पिताओं की तरह हेलन और मैंने भी अपने जीवन में कई ग़लतियाँ की हैं और राह में कई ठोकरें खाई हैं। परंतु हमने अपने बच्चों को हमेशा प्रबलता से प्रेम किया है। और जब अपने जीवनमूल्य उन्हें सौंपने का वक़्त आया, तो हमने मेहनत व सावधानी के साथ ऐसा किया। हम जानते थे कि अगर हम अपने बच्चों को ईसाई धर्म के जीवनमूल्य (जिनसे हमें बहुत प्रेम था) नहीं सिखायेंगे, तो कोई दूसरा यह काम करेगा। और हो सकता था हमें किसी दूसरे द्वारा सिखाये गये जीवनमूल्य पसंद न आयें।

हमने "निष्क्रिय लालन–पालन" के सिद्धांत से भी परहेज़ किया, जो कहता है, "आप क्या कहते हैं यह महत्वपूर्ण नहीं होता; महत्वपूर्ण तो वह होता है जो आप करते हैं।" यह एक ग़लत विश्वास है कि बच्चे सिर्फ़ आपको देखकर अच्छे जीवनमूल्य सीख लेंगे, चाहे आप इस बारे में उनसे कुछ न कहें। हाँ, आप क्या करते हैं, यह महत्वपूर्ण है। आप जो कहते हैं, अगर आप वह नहीं करते हैं, तो आप पाखंडी हैं। परंतु सिर्फ़ उदाहरण प्रस्तुत करना ही काफ़ी नहीं है। बच्चों को यह बताये जाने की ज़रूरत है कि माता–पिता जो करते हैं, वह क्यों करते हैं। उन्हें ऐसे माता–पिता की ज़रूरत है, जो अन्य दैनिक दबावों के बावजूद उनके साथ सक्रिय संवाद करें।

एक पुरानी कहावत है, "अगर आप इतने ज़्यादा व्यस्त हैं कि अपने परिवार के साथ समय न बिता पायें, तो आप ज़रूरत से ज़्यादा व्यस्त हैं।" यह सच है। जीवन में कुछ काम किसी दूसरे को नहीं सौंपे जा सकते और बच्चों को पालना उनमें से एक है। अपने परिवार के साथ बिताये गये क्वालिटी टाइम का कोई विकल्प नहीं होता, जब आप

रिच डेवॉस के दादा–दादी ने उन्हें ईश्वर में प्रबल आस्था की समृद्ध धरोहर प्रदान की और कड़ी मेहनत में विश्वास करना सिखाया।

पूरी तरह से उनके साथ हों, जब आप अपने बच्चों के साथ खुलकर बातें करें, ऐसे काम करने के लिये उत्सुक हों जो वे सचमुच करना चाहते हैं। मैं जिन सबसे अच्छे पिताओं को जानता हूँ, उनमें से एक हमारी कंपनी का प्रमुख पायलट था। वह लंबे समय तक घर से बाहर रहता था, परंतु जब वह घर लौटता था, तो वह सचमुच घर लौट आता था। वह बैठकर टी. वी. नहीं देखता था, अपने कमरे में नहीं घुसा रहता था या गोल्फ कोर्स में वीकएंड नहीं मनाता था। जब वह घर पर होता था, तो वह बच्चों के साथ होता था, उनकी तरफ़ पूरा ध्यान देता था और उनके साथ समय बिताता था।

जब हमारे बच्चे छोटे थे, तो हेलन और मैंने उन्हें जीवनमूल्य सिखाये। इसके लिये हमने उन्हें कुछ सिद्धांत सिखाये, जैसे ईमानदारी, न्याय और आत्म–अनुशासन। हम उन्हें रोज़मर्रा के व्यवहार के स्पष्ट उदाहरण देते थे और उसके परिणाम बताते थे। बच्चे हमेशा सिद्धांत और व्यवहार को नहीं जोड़ पाते, इसलिये यह महत्वपूर्ण हो जाता है कि हम उनके लिये यह काम करें।

आज हमारे सभी बच्चे हमारे बिज़नेस से किसी न किसी रूप में जुड़े हुए हैं, परंतु उनमें से कोई भी सीधे एक्ज़ीक्यूटिव के पद पर नहीं पहुँचा, जैसे यह उसका जन्मसिद्ध अधिकार हो। परिवार के स्वामित्व वाले बिज़नेस की सबसे बड़ी चुनौतियों में से एक यह है कि इसे अगली पीढ़ी को किस तरह सौंपा जाये। मूलभूत जीवनमूल्य अक्सर एक पीढ़ी से दूसरी पीढ़ी तक पहुँचते–पहुँचते खो जाते हैं। जे और मैं ऐसा नहीं होने देना चाहते थे, इसलिये हमने अपने चारों बच्चों को अपनी कंपनी में एप्रेंटिसशिप पर रखा, ताकि वे सीख सकें।

उदाहरण के लिये, हमारा सबसे बड़ा पुत्र डिक, जो अंततः मेरे बाद एमवे का प्रेसिडेन्ट बना, कंपनी में बारह साल की उम्र में ही काम करने लगा, जब उसकी गर्मी की छुट्टियाँ चल रही थीं। घास–फूस उखाड़कर और भूमि के रखरखाव में मदद करके उसने प्रति घंटे पैंतीस सेंट कमाये। फिर कई साल तक उसने अलग–अलग विभागों में

ईश्वर पर पीढ़ियों की गहरी आस्था को बनाये रखते हुए रिच डेवॉस अपने पोते रिक के साथ उसके पहले जन्मदिन पर खुशियाँ मनाते हुए।

अलग–अलग काम किये। वह गर्व से कहता है कि एक बार तो उसने अठारह पहियों का वाहन भी चलाया।

हमारे बाक़ी बच्चे – डैन, चेरी और डग – भी जब तक बड़े नहीं हो गये, तब तक उनसे बिज़नेस में पार्ट टाइम काम करने की उम्मीद की जाती थी। उन सबने सबसे निचली पायदान से काम करना शुरू किया और अपने शुरुआती वर्षों में वे बिलकुल गुमनाम थे। हम चाहते थे कि उनका मूल्यांकन उनके नाम के बजाय उनकी योग्यताओं के आधार पर हो।

एप्रेंटिसशिप के दौरान हमारे बच्चों ने उन लोगों के महत्व को समझा, जो हमारे बिज़नेस को सफल बनाने के लिये लंबे समय तक कड़ी मेहनत करते थे। उन्होंने अपने साथी कर्मचारियों की समस्यायें और सुख बाँटे, उनके साथ हँसी–मज़ाक़ की, कहानियाँ सुनीं और सुनाईं। वे सुनते रहे और सीखते रहे। यह एप्रेंटिसशिप न सिर्फ़ कंपनी के संचालन की प्रक्रिया सीखने का तरीक़ा थी, बल्कि यह उन्हें अपने जीवनमूल्य सिखाने का अवसर भी था।

> अपने परिवार के साथ क्वालिटी टाइम बिताने का कोई विकल्प नहीं होता, जब आप पूरी तरह से उनके साथ हों, जब आप अपने बच्चों के साथ खुलकर बातें करें, ऐसे काम करने के लिये उत्सुक हों जो वे सचमुच करना चाहते हैं।

पारिवारिक मूल्यों और व्यावसायिक मूल्यों के बीच की विभाजक रेखा महीन है तथा कंपनियों को परिवार को महत्वपूर्ण स्थान देना ही चाहिये। इसलिये शुरू से ही जे और मैंने एमवे से जुड़े परिवारों की बेहतरी के लिये प्रयास किये, जिनमें डिस्ट्रिब्यूटर बिज़नेस मालिकों के परिवार भी शामिल हैं, जो हमारे संगठन का हृदय हैं। और यह हमारी कंपनी के बारे में आज भी सही है।

डायरेक्ट सेलिंग बिज़नेस पति–पत्नियों को – और बच्चों को भी – इकट्ठे काम करने का मौक़ा देता है। परंतु जे और मैंने एक दिन बैठकर यह फैसला नहीं किया, "यह परिवार पर आधारित बिज़नेस होगा।" ऐसा स्वाभाविक रूप से हुआ, क्योंकि यह हमारे पारिवारिक

पारिवारिक मूल्यों और व्यावसायिक मूल्यों के बीच की विभाजक रेखा महीन है तथा कंपनियों को परिवार को महत्वपूर्ण स्थान देना ही चाहिये।

जीवनमूल्यों और ईसाई अवधारणाओं से विकसित हुआ था, जो हमारे जीवन का महत्वपूर्ण हिस्सा थीं। परिवार को महत्व देना धीरे–धीरे हमारी कंपनी की संस्कृति का प्रमुख सिद्धांत बन गया। कुछ समय बाद हमने निश्चित नीतियाँ और परंपरायें विकसित कीं, जिनसे परिवार की भागीदारी को प्रोत्साहन मिला।

मैं उन सभी सवालों के जवाब जानने का दावा नहीं करता, जो बच्चों के लालन–पालन को लेकर हर माता–पिता के सामने आते हैं। कई बार आप समयसिद्ध सिद्धांतों का सहारा लेते हैं, तो कई बार आप कुछ नया करते हैं। कई बार आपको सख़्ती बरतना होती है और कभी–कभार बेहतर यही होता है कि आप कुछ न करें। आपको यह पता होना चाहिये कि कब सख़्त रहा जाये और कब नरम, कब साथ मिलकर रोया जाये और कब इकट्ठे हँसा जाये। आप अपने हिसाब से सर्वश्रेष्ठ काम करें और बाक़ी ईश्वर के भरोसे छोड़ दें। और हाँ, सबसे महत्वपूर्ण संस्था यानी परिवार के लिये आप ईश्वर को धन्यवाद देना न भूलें।

हालाँकि रिच डेवॉस के पिता 59 वर्ष की उम्र में असमय ही गुज़र गये, परंतु उनकी माँ ईथेल अब भी जीवित हैं और उनके परिवार का हिस्सा हैं।

डेवॉस परिवार ने कई ख़ास मौक़ों पर विन्डक्वेस्ट से पानी पर इकट्ठे सैर की है।

सबक़ 8

स्वतंत्रता

मैं जीवन में बड़ी 'हाँ' और छोटी 'ना' में विश्वास करता हूँ। और मैं हर दिन गर्व तथा उत्साह से यह स्वीकार करने में विश्वास करता हूँ कि - ईश्वर की छत्रछाया में - अमेरिका में जीना एक बेहतरीन अनुभव है।

रिच डेवॉस

रिच डेवॉस सेना को श्रेय देते हैं कि इसने उन्हें ज़िम्मेदारी और अनुशासन के पाठ पढ़ाये, जिससे वे जीवन के लिये तैयार हो सके।

आठवाँ सबक़

स्वतंत्रता

एक दिन एक आदमी ने अपना घर बेचने और उससे अच्छा घर ख़रीदने का फ़ैसला किया। उसने प्रॉपर्टी एजेंट को बुलाया और उससे इसे बेचने को कहा। प्रॉपर्टी एजेंट ने घर की विशेषताओं का वर्णन करते हुए एक विज्ञापन बनाया और स्थानीय अख़बार में छपवा दिया। अगले दिन उस आदमी ने वह विज्ञापन पढ़ा, बार–बार पढ़ा। फिर वह उठकर फोन के पास गया और उसने प्रॉपर्टी एजेंट को फोन किया।

उसने कहा, "अब मैं यह मकान नहीं बेचना चाहता।"

"क्यों," प्रॉपर्टी एजेंट ने आश्चर्य से पूछा।

"क्योंकि मुझे अभी–अभी यह एहसास हुआ है कि मुझे जिस तरह का घर हमेशा से चाहिये था, मैं उसमें पहले से ही रह रहा हूँ!"

हम बहुत सी चीज़ों की तरफ़ ध्यान नहीं देते। हममें से ज़्यादातर लोग जिस बहुत बड़ी चीज़ की तरफ़ ध्यान नहीं देते हैं, वह है हमारा प्रजातंत्र – हमारा देश और हमारी स्वतंत्रता। अधिकांश लोग पूँजीवाद और इसके द्वारा प्रदत्त अधिक ऊँचे जीवनस्तर के महत्व को समझते हैं, परंतु बहुत सारे लोग झंडा फहराने या दिल पर हाथ रखने की पुरातनपंथी देशभक्ति में कोई रुचि नहीं लेते। वे अपने आपको ज़्यादा अभिजात्य (सॉफिस्टिकेटेड) या मॉडर्न समझने लगते हैं। या फिर वे अतिसंतुष्ट महसूस करने लगते हैं। उन्होंने उन स्त्री–पुरुषों की पीढ़ियों को भुला दिया है, जिन्होंने स्वतंत्रता के लिये संघर्ष किया और इसके लिये अपनी जान दी, जिन्होंने भयानक मंदी झेली और अमेरिका तथा सोवियत संघ के बीच के लंबे व तनावपूर्ण शीतयुद्ध को भी झेला।

निराशावाद और दोष ढूँढ़ना इसी आत्म–संतुष्टि के परिणाम हैं। हम सामाजिक आलोचकों की आवाज़ें सुनते हैं, जो ग़रीबी, अपराध, शराबख़ोरी, तलाक़ और गर्भपात के

अधिकांश लोग पूँजीवाद और इसके द्वारा प्रदत्त अधिक ऊँचे जीवनस्तर के महत्व को समझते हैं, परंतु बहुत सारे लोग झंडा फहराने या दिल पर हाथ रखने की पुरातनपंथी देशभक्ति में कोई रुचि नहीं लेते।

ख़िलाफ़ ज़ोर–शोर से चिल्लाते हैं। कई विशेषज्ञ राजनीतिक प्रक्रियाओं में लगातार दोष ढूँढ़ते रहते हैं। यह सच है कि हमारे पास कई समस्यायें हैं, जिन्हें हल करने की ज़रूरत है। परंतु हम अपने आपको किस तरह परिभाषित करना चाहेंगे, हम अपनी पहचान किस तरह बनाना चाहेंगे – अपनी कमज़ोरियों से या अपनी शक्तियों से?

सौभाग्य से अमेरिकियों की राष्ट्रीय अंतरात्मा कोमल है। हम हमेशा उन अन्यायों और असमानताओं के प्रति सतर्क रहे हैं, जो किसी भी मानवीय संस्था में अनिवार्य रूप से उभरते हैं। इस राष्ट्रीय अंतरात्मा ने कई अनैतिक और अन्यायपूर्ण प्रथाओं को समाप्त करने में योगदान दिया है। हमारा देश आदर्श नहीं है – कोई मानवीय संस्था नहीं होती – परंतु अंतरात्मा की आवाज़ लगभग हमेशा जीतती है।

बहरहाल, कई बार हमारी राष्ट्रीय अंतरात्मा कुछ ज़्यादा ही संवेदनशील हो जाती है और हमारी असुरक्षायें सतह पर आ जाती हैं। सालों पहले जब साम्यवादी और समाजवादी सरकारें सत्ता में आईं, तो कई अमेरिकावासी मुक्त अर्थव्यवस्था और इसे संभव बनाने वाली प्रजातांत्रिक संस्थाओं के बारे में सवाल करने लगे। क्या हमारा सिस्टम सचमुच न्यायपूर्ण था?क्या यह हर एक के लिये काम कर रहा था? कुछ ने कहा "नहीं" और इन लोगों ने एक क़िस्म के समाजवादी यूटोपिया की वकालत की। कई अन्य व्यक्ति आदर्शवाद के बजाय क्रांति की संभावना से अधिक प्रेरित हुए। अतिवादियों ने हमारी

रिच डेवॉस स्थानीय बॉय स्काउट ट्रूप का अभिवादन करते हैं, जो लंदन से उनकी वापसी पर जश्न मना रहा है, जहाँ उनका सफल हृदय प्रत्यारोपण हुआ था।

राष्ट्रीय असुरक्षा की भावना को भड़काने में अपना अवसर देखा। वे सत्ता चाहते थे; वे ख़ूनी क्रांति चाहते थे।

1959 में जिस सप्ताह मैंने और जे ने एमवे को स्थापित किया, उसी सप्ताह फिडेल कैस्ट्रो ने क्यूबा में सत्ता सँभाली। हालाँकि कैस्ट्रो ने भ्रष्ट बैटिस्टा शासन का अंत किया, परंतु देश का नेतृत्व एक दक्षिणपंथी तानाशाह के हाथ से निकलकर एक वामपंथी तानाशाह के हाथ में चला गया। जब कैस्ट्रो की क्रांति दक्षिण अमेरिका में फैली, तो कई अमेरिकियों में निराशावाद की लहर दौड़ गई। लोगों ने मुझसे कहा, "पूँजीवाद असफल हो चुका है। यह दुनिया में हर तरफ़ असफल हो रहा है।" इस अनुचित आलोचना से मुझे वह बात याद आ गई, जो जी. के. चेस्टरटन ने ईसाई धर्म के बारे में कही थी: "यह सच नहीं है कि लोग ईसाई धर्म पर चले हैं और उन्हें इसमें कमियाँ मिली हैं। सच तो यह है कि लोगों को ईसाई धर्म के अनुरूप चलना कठिन लगा, और इसलिये वे इस पर चले ही नहीं।" और यही पूँजीवाद के बारे में भी सही था।

कुछ समय तक सोवियत संघ और क्यूबा न सिर्फ़ अतिवादियों (रेडिकल्स) के प्रिय देश थे, बल्कि वे लेबर यूनियन के कुछ सदस्यों और अमेरिकी बुद्धिजीवियों के छोटे परंतु प्रमुख समूह के भी प्रिय देश थे। मुझे यह देखकर निराशा हुई कि चर्च के कुछ लीडर्स भी साम्यवाद के गुण गाने लगे थे। पूँजीवाद के दोष ढूँढ़ने की जल्दबाज़ी में इन समर्थकों ने साम्यवाद की ज़्यादतियों, अपराधों और विरोधाभासों को माफ़ किया, अस्वीकार किया और नज़रअंदाज़ किया। मुझे इसमें ज़रा भी समझदारी नज़र नहीं आई। ईसामसीह के शब्दों का प्रयोग करते हुए मैं इसे इस तरह कहना चाहूँगा, मैं यह नहीं समझ पाया कि वे पूँजीवाद की आँख में धूल का कण क्यों देख रहे थे और साम्यवाद की आँखों में पड़े दो बाई चार के बड़े पत्थर को क्यों नज़रअंदाज़ कर रहे थे?

1960 के दशक में कुछ पुराने धनाढ्य सामंतों (जो अपने पैतृक महलों में रहते थे और जिन्होंने अपने बच्चों को नामी प्राइवेट स्कूलों में सुरक्षित रखा था) ने पूँजीपति–विरोधी युवा अतिवादियों को पार्टियाँ दीं (जिनके पास ट्रस्ट फंड और आइवी–लीग डिग्रियाँ थीं)। बहरहाल,

इसके पीछे की मूर्खता उन्हें नज़र नहीं आई। जिस पूँजीवादी तंत्र को वे गालियाँ दे रहे थे, वही तंत्र उनके बिलों का भुगतान कर रहा था और उनकी जीवनशैली को संभव बना रहा था। वे एक जीता–जागता विरोधाभास थे।

अमेरिकी युवा वर्ग में असंतोष की तूफ़ानी लहर फैल गई। हाई स्कूलों और कॉलेजों में दाख़िला लेने वाले बेबी बूमर्स अपने माता–पिताओं के जीवनमूल्यों पर सवाल करने लगे। वियतनाम युद्ध, सिविल राइट्स मूवमेंट, पर्यावरण आंदोलन, नारी मुक्ति आंदोलन और कई अन्य आंदोलन देश में लगातार उथलपुथल मचा रहे थे। कुछ लोग ईमानदार सवाल पूछ रहे थे और अपनी अंतरात्माओं से जूझ रहे थे। बाक़ी स्थिति से लाभ उठा रहे थे। परंतु वह कोड़े खाने वाला किशोर – जिस पर इतना वाद–विवाद हो रहा था – वही तंत्र था, जो इस वाद–विवाद को संभव बना रहा था।

उस दौरान एक दिन मैं लैरी किंग के रेडियो शो में अतिथि था और एक श्रोता ने मुझसे कहा, "पूँजीवाद और साम्यवाद में फ़र्क़ ही क्या है? एक में आप राज्य के दास हैं और दूसरे में आप पूँजीवादी सुअरों के दास हैं। दोनों ही में आप किसी न किसी के दास हैं।" यह हताश, निराश और दुखी व्यक्ति उस असंतोष को अभिव्यक्त कर रहा था, जो पूरे देश में फैला हुआ था। उस युग की उथलपुथल में जकड़े हुए इस आदमी के पास इतिहास या दीर्घकालीन दृष्टिकोण की कोई समझ नहीं थी। वह अपनी पूर्ववर्ती पीढ़ियों की अविश्वसनीय उपलब्धियों को भूल चुका था। वह अपने को अलग–थलग और अशक्त महसूस कर रहा था। परंतु मैं उसकी कुंठा की भावनाओं को अनदेखा नहीं कर पाया। उस पर दोनों ही तरफ़ से चोट हो रही थी। न तो वह साम्यवाद के आत्मविश्वासी प्रचार से ख़ुद को जोड़ पाता था, न ही उसे वह पूँजीवादी तंत्र अच्छा लगता था, जो उसके सपनों के प्रति असंवेदनशील नज़र आ रहा था।

यह तनाव कई लोगों ने महसूस किया – और यह बहुत वास्तविक था।

वामपंथियों ने प्रजातांत्रिक पूँजीवाद पर हमला कर दिया और

दक्षिणपंथियों ने इसका कमज़ोर बचाव किया, जबकि सबसे सफल पूँजीपतियों ने इस तरफ़ ज़रा भी ध्यान नहीं दिया। आम अमेरिकी, जो बीच में फँसे हुए थे, यह नहीं समझ पा रहे थे कि किस पर विश्वास करें। वे साम्यवाद के प्रति आकर्षित नहीं थे, परंतु वे अपने देश के भविष्य के बारे में चिंतित थे। माहौल इतना नकारात्मक था कि लोग उन स्वतंत्रताओं के बारे में भूल गये, जो उनके पास पहले से उपलब्ध थीं।

इसकी प्रतिक्रिया में मैंने एक भाषण देना शुरू किया, जिसे मैंने "सेलिंग अमेरिका" नाम दिया। प्रजातांत्रिक पूँजीवाद के आलोचकों के लिये यह मेरा पैग़ाम था। 1960 के पूरे दशक में मैंने पूरे देश में जगह–जगह पर यह भाषण दिया। मैं लोगों को यह याद दिलाना चाहता था कि स्वतंत्रता और अवसर की हवायें अमेरिका में अब भी बह रही थीं। मैं युवा था, उत्साह से भरा था और सफल होने के अवसर के लिये कृतज्ञ था। मैं हर दिन अमेरिकियों को यह याद दिलाना चाहता था कि जिस सिस्टम ने इस देश को दुनिया का आर्थिक पॉवरहाउस बनने की शक्ति दी है और जिसने उन्हें आत्म–आलोचना की फ़ुरसत और स्वतंत्रता दी है, वही उन्हें उनके सपने पूरे करने का अवसर भी दे रहा था।

जब मैं उन वर्षों की तरफ़ मुड़कर देखता हूँ, जिनमें मैं "सेलिंग अमेरिका" भाषण दे रहा था, तो जो हुआ उसे देखकर मैं हैरान हूँ। मेरा आशावाद पूरी तरह सही साबित हुआ। आज ऐसा आदमी मुश्किल से मिलेगा, जो साम्यवाद या यहाँ तक कि समाजवाद के भी गुणगान का इच्छुक हो। अमेरिका की स्थिति कभी इतनी अच्छी नहीं रही। हमारी अर्थव्यवस्था ने आशातीत प्रगति की है। स्टॉक मार्केट अभूतपूर्व ऊँचाई पर पहुँच चुका है। हमारे देश में आज जितने लोगों को रोज़गार मिल रहा है, उतना पहले कभी नहीं मिला। मुद्रास्फीति, जो 1970 के उत्तरार्ध में 20 प्रतिशत थी, अब लगभग शून्य हो चुकी है। नई नौकरियाँ, नये बिज़नेस, और नये उद्योग लगातार खड़े हो रहे हैं।

मैं उस आर्थिक प्रगति के लिये कृतज्ञ हूँ, जो हमने एक देश के रूप में की है। मैं अपने व्यक्तिगत बिज़नेस की सफलता के लिये भी कृतज्ञ हूँ। मुझे आशा है कि अन्य देश, ख़ासकर पूर्व सोवियत संघ के देश, अंततः सही रास्ता खोज लेंगे और मुक्त अर्थव्यवस्था बनायेंगे,

हर पीढ़ी को पूँजीवादी सिस्टम में मिलने वाले अधिकारों और सुविधाओं का महत्व नये सिरे से समझना होगा।

ताकि लोगों को अपने सपने सच करने का अवसर मिले।

मैं पहले की तरह ही आशावादी हूँ, परंतु इस आशावाद में सतर्कता का एहसास भी है। चालीस साल पहले हम असुरक्षित थे और ख़ुद से कई सवाल पूछ रहे थे। आज, शायद हम बहुत सी चीज़ों को समुचित महत्व नहीं दे रहे हैं। हम स्वतंत्रता द्वारा प्रदत्त अधिकारों और अवसरों के इतने आदी हो चुके हैं कि हममें से कुछ को ऐसा लगने लगा है, जैसे इन लाभों पर हमारा हक़ हो।

हमारी याददाश्त बहुत छोटी है और कई अमेरिकी बिगड़े हुए उत्तराधिकारियों की तरह व्यवहार कर रहे हैं। हमारे सिस्टम द्वारा प्रदत्त अवसरों को बरकरार रखने के लिये लगातार मेहनत करने के बजाय वे सोचते हैं कि इसके लाभ अपने आप मिलेंगे। एक देश के रूप में हम बहुत ज़्यादा कर्ज़ लेते हैं, बहुत शिकायतें करते हैं और सरकार से बहुत सारी समस्याओं को हल करने की उम्मीद करते हैं। पूँजीवादी सिस्टम में मिलने वाले अधिकारों और सुविधाओं का महत्व हर पीढ़ी को नये सिरे से समझना होगा। जब मैं अपने नाती–पोतों को देखता हूँ, तो मैं अक्सर इस बारे में सोचता हूँ। बच्चे जब खिलौनों को लेकर लड़ते हैं, तो उनका पहला वाक्य यह होता है, "यह मेरा है!" हक़ और निजी स्वामित्व मूलभूत भावनायें हैं। फिर जब वे थोड़े बड़े हो जाते हैं, तो वे कहते हैं, "यह मैंने किया है।" यह छोटा सा वाक्य उनकी योग्यता में उनके विश्वास को व्यक्त करता है, चाहे वह जूते के फीते बाँधने जैसी छोटी सी चीज़ ही क्यों न हो। और फिर मैं सुनता हूँ, "दादाजी, मुझे देखिये!" जब वे कोई काम अच्छी तरह से करते हैं, तो वे सराहना और प्रशंसा चाहते हैं।

पूँजीवाद उतना ही नैतिक या अनैतिक होता है, जितने कि इसे चलाने वाले लोग होते हैं। हर स्वतंत्र व्यक्ति दूसरों का शोषण कर सकता है, लालची हो सकता है, उपभोक्तावाद के

जाल में फँस सकता है; अपने परिवार, देश और ईश्वर के प्रति अपनी ज़िम्मेदारियों से बच सकता है। परंतु हमें इन ख़तरों का सामना करना सीखना होगा। "स्वतंत्र" उद्यमिता मुफ़्त में मिला उपहार नहीं है। हमें इसे बरकरार रखने के लिये काम करना होगा।

मुझे लगता है कि अधिकांश अमेरिकी सचमुच परेशान हो जाते हैं, जब वे अफ्रीका या भारत या किसी और जगह पर भुखमरी से मरते बच्चों की हृदयविदारक तस्वीरें देखते हैं, जहाँ लोग बहुत ज़्यादा ग़रीबी में रहते हैं। अगर मैं यह कहूँ कि मैं परेशान नहीं होता, तो यह सच नहीं होगा। मैं अपनी जीवनशैली को लेकर कई बार असहज हो जाता हूँ। हममें से जो लोग आरामदेह और सुरक्षित घरों में रहते हैं, एयर–कंडीशंड कार चलाते हैं और दिन में तीन बार भरपेट भोजन करते हैं, वे थोड़े परेशान हो जाते हैं, जब उन्हें ग़रीबी और निराशा में रहने वाले करोड़ों लोगों की याद दिलाई जाती है। अगर हम ऐसा महसूस न करें, तो कुछ न कुछ बुरी तरह गड़बड़ है, क्योंकि बाइबल के अनुसार हम लोग सचमुच "अपने भाई के रखवाले" हैं।

हममें से जो लोग ऊँचे या आरामदेह जीवनस्तर का आनंद लेते हैं, उन्हें अपनी नियामतों के लिये ईश्वर को धन्यवाद देना चाहिये। और हमें हर दिन ज़िम्मेदार, उदार होने की क़सम खाना चाहिये, ताकि हमें जितना दिया गया है, हम उसे औरों को दे सकें। हमें "सहानुभूतिपूर्ण पूँजीपति" होना चाहिये। मैं अपने बच्चों और नाती–पोतों को जॉन वेस्ले के यह शब्द याद दिलाता रहता हूँ: "कमाओ, जितना कमा सको। बचाओ, जितना बचा सको। दो, जितना दे सको।"

स्वतंत्र समाज के स्वतंत्र लोग अच्छाई का चुनाव कर सकते हैं और वे बुराई का चुनाव भी कर सकते हैं। उनके पास विकल्प होता है! वह एकमात्र राजनीतिक या आर्थिक सिस्टम, जिसमें कोई जोखिम नहीं होता, एक ऐसा सिस्टम होता है जिसमें कोई विकल्प ही नहीं होता। अगर हम इसे भूल जायेंगे, तो हम अपना सब कुछ गँवा देंगे।

रिच डेवॉस के पिता साइमन मेहनती व्यक्ति थे। उनका अमेरिका और इसके प्रिय खेल में सच्चा विश्वास भी था।

9

सबक़

आस्था

आस्था के बिना हम भटक जायेंगे,

दुनिया की लहरों पर बिना किसी लंगर के।

रिच डेवॉस

रिच डेवॉस ने अपनी उल्लेखनीय सार्वजनिक संभाषण योग्यता के माध्यम से लाखों लोगों के जीवन को स्पर्श किया है।

नवाँ सबक़

आस्था

मेरा दृढ़ विश्वास है कि सफल और सुखी जीवन के लिये आशा, लगन, विश्वास, आशावाद, सम्मान, जवाबदेही, परिवार और स्वतंत्रता अनिवार्य हैं। परंतु मेरा यह भी विश्वास है कि इन सबसे अधिक आवश्यक है ईश्वर में गहरी और व्यक्तिगत आस्था। मेरे लिये इसका अर्थ यह है कि मैं ईश्वर और उसके पुत्र ईसा मसीह में विश्वास करता हूँ।

मेरा ईसाई धर्म वह नींव है, जिस पर मेरा पूरा जीवन टिका हुआ है। यह मेरे जीवन की सबसे महत्वपूर्ण संपत्ति है। मेरा विश्वास है कि हमारे जीवन के हर क्षेत्र में सच्ची सफलता ईसाई धर्म में अडिग आस्था पर निर्भर करती है। ईश्वर में आस्था के बिना दुनिया एक अर्थहीन स्थान है, जीवन दिशाहीन है और नैतिक सिद्धांत असंभव हैं। ईश्वर में आस्था के बिना और बाइबल में कहे उसके वाक्यों के ज्ञान के बिना किसी के भी पास जीवन की राह का सही नक़्शा नहीं होता।

आस्था निष्क्रिय और निजी नहीं होती। आस्था सक्रिय होती है। यह ऐसा भाव है, जिसे आप जीते हैं और जिसकी आप घोषणा करते हैं। यही नहीं, आस्था आपको बुरी से बुरी परिस्थितियों में भी संबल देती है, चाहे वे बिज़नेस में हों या व्यक्तिगत जीवन में। जब मेरे डॉक्टरों ने मुझे बताया कि मेरा दिल जवाब दे रहा है, तो मैं जानता था कि भविष्य अंधकारमय है और मेरे पास बहुत कम विकल्प हैं। अपने ईसाई धर्म के बिना मैं टूट गया होता और मैंने हार मान ली होती। परंतु मेरे पास ईसा मसीह की शक्ति थी, इसलिये मुझमें विपरीत परिस्थितियों का डटकर सामना करने की इच्छा थी। ईश्वर में मेरी आस्था ने मुझे आशा प्रदान की।

हमारे नियंत्रण से बाहर की प्रबल शक्तियों का सामना करते समय अनिश्चितता भयावह होती है, चाहे परिस्थितियाँ कितनी ही अच्छी क्यों न हों। उस पल हमें एक महत्वपूर्ण

विकल्प चुनना होता है : या तो हम चिंता से भरी हुई दुविधा में गोते खायें या फिर हम ईसा मसीह में जीवंत, जीवित आस्था का सहारा लें, जो हमें सहारा और आगे बढ़ने की शक्ति देती है। हम जी सकते हैं या हम मर सकते हैं – शाब्दिक रूप में, आध्यात्मिक रूप में या दोनों ही रूपों में।

मेरा विश्वास है कि हमारे जीवन के हर क्षेत्र में सच्ची सफलता ईसाई धर्म में अडिग आस्था पर निर्भर करती है।

आप सोच रहे होंगे, "अगर ईश्वर सचमुच है, तो मैं उसे किस तरह जानूँ? मैं किस तरह जीवंत आस्था जगाना सीखूँ?" यह अच्छी बात है और मैं आपके साथ चरम "आशा" बाँटना चाहता हूँ। इंसान पाप के कारण ईश्वर से दूर हुआ था। परंतु ईश्वर ने अपने पुत्र ईसा मसीह को शिशु के रूप में भेजा, ताकि वे ईश्वर और इंसान के बीच की दूरी को पाट दें। एक मनुष्य के रूप में ईसा मसीह हमारे पापों का प्रायश्चित करने के लिये सलीब पर चढ़े। हम अपनी मुक्ति या मोक्ष (salvation) ख़रीद नहीं सकते; हम इसे अर्जित भी नहीं कर सकते। परंतु अच्छी ख़बर यह है कि मोक्ष उन सब लोगों के लिये ईश्वर का उपहार है, जो ईसा मसीह को अपना मुक्तिदाता मानते हैं। आप ईश्वर को जान सकते हैं, बशर्ते आप स्वीकार कर लें कि आप पापी हैं और आप ईसा मसीह से स्वयं को स्वीकार करने का आग्रह करें। इसमें सिर्फ़ सच्ची आस्था और आसान सी प्रार्थना की आवश्यकता होती है। इसकी सच्चाई न्यू टेस्टामेंट में गॉस्पेल ऑफ जॉन में मिलती है: "ईश्वर दुनिया से इतना प्रेम करते थे कि उन्होंने अपने इकलौते पुत्र को भेजा, ताकि जो भी उनमें विश्वास करे वह नष्ट न हो, बल्कि उसका जीवन अमर हो जाये" (जॉन 3:16)।

आस्था तर्क से परे है; यह तब काम करती है जब आप नहीं जानते कि क्या करना चाहिये या क्या होने वाला है। यह मौत का सामना करते हुए भी जीवित बने रहने का विकल्प है। यह जोखिम लेने की इच्छा है, तब भी जब परिस्थितियाँ विपरीत या विषम लग रही हों। यह

एक उपहार है, जिसे आप प्राप्त करते हैं और एक विकल्प है, जिसे आप चुनते हैं। यह वह विश्वास है कि सर्वाधिक अनिश्चित और मुश्किल परिस्थितियों का भी मक़सद होता है, चाहे आप उसे देख सकते हों या न देख सकते हों। हिब्रूज़ में हम पढ़ते हैं, "आस्था मनचाही वस्तुओं का सार है; आस्था अदृश्य वस्तुओं का प्रमाण है" (11:1,NKJV)। यह इस बात का ज्ञान है कि जीवन में – और मृत्यु में – सिर्फ़ एक ही चीज़ पूरी तरह से निश्चित है और वह है ईश्वर का प्रेम।

आस्था एक वरदान है, परंतु कई बार अपनी आस्था के अनुरूप चलना कठिन होता है। उदाहरण के तौर पर, अगर आपके आसपास प्रेमपूर्ण लोग न हों, तो प्रेमपूर्ण ईश्वर में विश्वास करना मुश्किल होता है। मेरे परिचित कुछ सबसे दुखी लोग वे हैं, जो अनिश्चितता का सामना अकेले करते हैं। इसी वजह से ईश्वर ने हमें रिश्तों के बंधन में बाँधा है – परिवार और मित्रों से लेकर प्रेम के समुदाय यानी चर्च तक। मेरे अपने जीवन में यह बंधन परिवार से शुरू होता है और फिर विस्तृत होता है, जिसमें जीवन के सभी क्षेत्रों के मित्र शामिल हो जाते हैं।

> आस्था तर्क से परे है; यह तब काम करती है जब आप नहीं जानते कि क्या करना चाहिये या क्या होने वाला है। यह मौत का सामना करते हुए भी जीवित बने रहने का विकल्प है।

आस्था परिवारों को एकता के सूत्र में बाँधती है। मेरा खुद का परिवार एक–दूसरे के बहुत क़रीब है। इसका यह मतलब नहीं है कि हमारे बीच समस्यायें नहीं रहतीं। हमारे सभी बच्चे दृढ़ और बुद्धिमान हैं। उनके अपने विचार, सनकें, शक्तियाँ और कमज़ोरियाँ हैं। समय–समय पर हमें मुद्दों को सुलझाना होता है। हम बहस करने से नहीं डरते और हममें से कोई भी जल्दी हार नहीं मानता। परंतु कठिन समय आने पर हम सब एक हो जाते हैं। जीवनमूल्यों की हमारी एक साझी सूची है और परिवार के प्रति निष्ठा इस सूची में बहुत ऊपर

आती है। परंतु सबसे ऊपर आती है ईश्वर में हमारी आस्था। हम सिर्फ़ इसलिये इकट्ठे नहीं हैं, क्योंकि हम एक–दूसरे से प्रेम करते हैं, बल्कि इसलिये भी हैं क्योंकि हम अपने पार जाकर एक ऐसे विराट व्यक्ति को देख सकते हैं, जो जीवन से बहुत बड़ा है। आस्था हमें यह दृष्टिकोण देती है।

कई बार लोगों को आश्चर्य होता है, जब वे किसी अमीर या शक्तिशाली आदमी को आध्यात्मिक विषयों के महत्व के बारे में बोलते सुनते हैं। परंतु मैं यहाँ आपको यह बता देना चाहता हूँ कि आस्था से सचमुच फ़र्क़ पड़ता है। कोई भी चीज़ मनुष्य को धन या शक्ति की अपूर्णता का इतनी जल्दी विश्वास नहीं दिला सकती, जितना कि धन या शक्ति का प्राप्त हो जाना। कई लोग पूरी ज़िंदगी इस मुग़ालते में मेहनत करते रहते हैं कि अगर उनके पास पर्याप्त धन या शक्ति होती, तो उनकी सारी समस्यायें ख़त्म हो जातीं। परंतु अगर यही लोग दौलतमंद बन जायें, तो उन्हें जल्दी ही यह पता चल जायेगा कि धन बहुत कम समस्याओं को सुलझा सकता है! यह आपके लिये मन की शांति नहीं ख़रीद सकता। यह टूटे हुए रिश्तों को नहीं जोड़ सकता। यह अर्थहीन जीवन को अर्थ नहीं दे सकता। धन अपराधी अंतरात्मा को चैन नहीं दे सकता या टूटे हुए दिल को नहीं जोड़ सकता। सच्ची दौलत ईश्वर के हाथ से मिलती है और सच्चा सुख उसमें आस्था होने से ही मिलता है।

बहरहाल, मैं एक और महत्वपूर्ण बात बताना चाहूँगा। यह ज़रूरी नहीं है कि दौलत आस्था या आध्यात्मिकता की राह में बाधा बने। भौतिक वस्तुयें इस धरती पर हमें इसलिये दी गई हैं, ताकि हम उनका सुख भोगें। ईश्वर को इसमें कोई आपत्ति नहीं है। बाइबल हमसे कहती है कि हम भौतिक वस्तुओं की पूजा न करें, उन्हें ईश्वर की मूर्ति के रूप में न देखें, परंतु

जनता पर व्यावसायिक खेलों के प्रभाव को पहचानते हुए रिच डेवॉस इस बात को सुनिश्चित करने के लिये प्रतिबद्ध हैं कि एन. बी. ए. ऑरलैन्डो मैजिक टीम लगन और आशा का जीता–जागता उदाहरण बन जाये।

बाइबल हमसे यह नहीं कहती कि आप इस धरती के या अपनी मेहनत के फलों का स्वाद न चखें। महत्वपूर्ण बात यह है कि हमारे पास जो धन है, हम उसका समझदारी से उपयोग करें – जो भी हमें दिया गया है, हम उसका सर्वश्रेष्ठ उपयोग करें। जब हम धन को अपने और ईश्वर के बीच में ले आते हैं, तभी धन हमें भ्रष्ट कर सकता है। अगर हम पैसे से मिलने वाली शक्ति के नशे में इतने चूर हो जायें कि हम यह भूल जायें कि ईश्वर हमारी दौलत का स्रोत है, तो हम दंभी हो जायेंगे क्योंकि हम यह सोचने लगेंगे कि हम आत्मनिर्भर हैं। परंतु हम कभी सचमुच आत्मनिर्भर नहीं बन सकते। हमारे पास जो कुछ है, वह सब ईश्वर का दिया हुआ है।

सच्ची दौलत ईश्वर के हाथ से मिलती है और सच्चा सुख उसमें आस्था होने से ही मिलता है।

हमारे पास जो भी है, वह सब ईश्वर का है; हम इसे सिर्फ़ कुछ समय के लिये उधार लेते हैं। चाहे जीवन में हम किसी भी मुक़ाम पर हों या हमारी आर्थिक स्थिति कैसी भी हो, ईश्वर की रुचि हमारे हृदय की स्थिति में होती है, हमारे बैंक एकाउंट की स्थिति में नहीं होती। जब ईश्वर हमें भौतिक वरदान देता है, तो वह ऐसा एक बड़े कारण से करता है और यह कारण हमारे व्यक्तिगत आराम से अधिक बड़ा होता है। अमीरों को उस अधिक विराट लक्ष्य के प्रति ज़िम्मेदारी स्वीकार करना होगी। हम ईश्वर के द्वारा अपेक्षित इस ज़िम्मेदारी से कभी नहीं बच सकते कि हम अपने धन का उपयोग उस तरह से करें, जो हमारे धर्म के सामंजस्य में हो।

हम अमेरिकावासी आत्मनिर्भर होना चाहते हैं। दरअसल अमेरिकियों को उनके "प्रबल व्यक्तिवाद" की अवधारणा के लिये जाना जाता है। यह हमारे राष्ट्रीय व्यक्तित्व का हिस्सा है। जॉन वेन और क्लिंट ईस्टवुड जैसे लोग हमारे हीरो हैं: कम बोलने वाले रफ़–टफ़ लोग जो शहर में जाते हैं, सब कुछ सही कर देते हैं और फिर सूरज ढलने पर घोड़े पर सवार होकर चल पड़ते हैं – अकेले। यह एक शक्तिशाली तस्वीर है। हम अपनी तक़दीर ख़ुद लिखना चाहते

हैं। हम यह नहीं चाहते कि सरकार हमारे लिये विकल्प चुने और हम यह भी नहीं चाहते कि दूसरे हमारे जीवन के साथ "छेड़खानी" करें। हम "कर सकते हैं" में विश्वास करने वाले लोग हैं और हम समर्थ, आत्मप्रेरित तथा आत्मनिर्मित स्त्री–पुरुष हैं। "प्रबल व्यक्तिवाद" उन चीज़ों में से एक है, जिन्होंने अमेरिका को दुनिया का सबसे शक्तिशाली राष्ट्र बनाया है।

हममें से कोई भी आध्यात्मिक जीवन में अपने आप में पूर्ण नहीं होता। हमें ईश्वर की ज़रूरत होती है, और हमें एक-दूसरे की भी ज़रूरत होती है।

आस्था के मामलों में हमें समुदाय का सदस्य होना होता है। व्यक्तियों का समुदाय – परंतु समुदाय। हममें से कोई भी आध्यात्मिक जीवन में अपने आप में पूर्ण नहीं होता। हमें ईश्वर की ज़रूरत होती है, और हमें एक–दूसरे की भी ज़रूरत होती है। बहुत से लोग चर्च इसलिये जाते हैं, क्योंकि वे ऐसा सोचते हैं कि ईश्वर उपस्थिति का रजिस्टर रखता है। उनके लिये महत्वपूर्ण बात यह सुनिश्चित करना है कि हर रविवार को स्वर्ग में रखे रजिस्टर में उनकी उपस्थिति दर्ज हो जाये। परंतु ऐसा नहीं होता है। चर्च कोई नैतिक बंधन नहीं है या कोई ऐसी आदत या परंपरा नहीं है, जो "करने का सही तरीक़ा है।" चर्च तो एक ऐसा स्थान है, जहाँ हम ईश्वर की आराधना करते हैं, विश्वास करने वालों के समुदाय में अपनी आस्था बाँटते हैं, एक–दूसरे के निर्माण में योगदान देते हैं, दुनिया में आगे बढ़ने की शक्ति पाते हैं और अपनी आस्था को जीते हैं!

इसी तरह, कुछ लोग अपने आध्यात्मिक जीवन के बारे में इस तरह से सोचते हैं, जैसे वे टेलीफोन बूथ में खड़े हों और ईश्वर से प्राइवेट लाइन पर बातें कर रहे हों। वे "संगठित धर्म" की माँगों की झंझट में नहीं पड़ना चाहते और उन्हें लगता है कि उन्हें किसी की ज़रूरत नहीं है। वे कहते हैं, "अरे हाँ, मैं आध्यात्मिक हूँ, परंतु मैं चर्च जाना पसंद नहीं करता।" इन लोगों से मैं यह कहना चाहता हूँ : आप एकांत में आध्यात्मिक विकास नहीं कर सकते।

बिना आस्था के सफलता खोखली है, बिना आस्था के सफलता संतुष्टि नहीं देती। बिना

ईश्वर के जीवन का कोई लक्ष्य या दिशा नहीं होती और अच्छा जीवन असंभव होता है। जैसा ईसा मसीह ने कहा है, “अगर कोई आदमी सारी दुनिया भी पा ले, परंतु अपनी आत्मा को गिरवी रख दे, तो इससे क्या भला होगा?” (मार्क 8:36)।

10

सबक़

कृपा

उसकी कृपा की पूर्णता से हम

सबको एक के बाद एक

आशीर्वाद मिले हैं।

जॉन 1:16

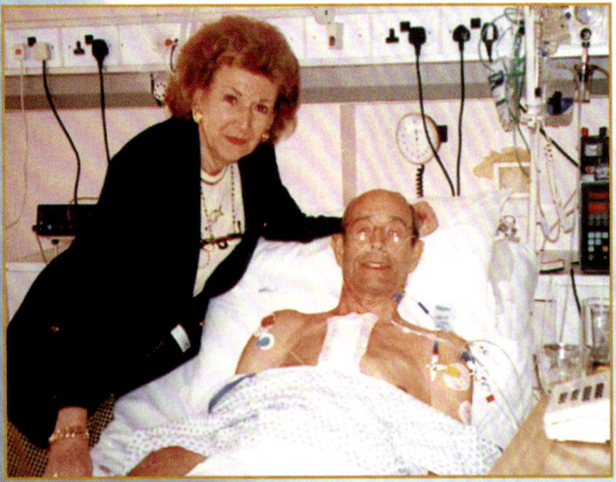

ईश्वर की कृपा से रिच डेवॉस हृदय प्रत्यारोपण के ऑपरेशन में बच गये। यहाँ पर उन्हें हेयरफील्ड हॉस्पिटल, लंदन में हुए ऑपरेशन के कुछ समय बाद उनकी पत्नी हेलन के साथ दिखाया जा रहा है।

कृपा

तीन साल पहले मेरा हृदय प्रत्यारोपण हुआ। जब मुझे ऑपरेशन थियेटर में ले जाया जा रहा था, तो मैं कमज़ोर और असहाय महसूस कर रहा था। जोखिम बहुत था और मेरे बचने की उम्मीद बहुत कम थी। हालाँकि मैं मरना नहीं चाहता था, परंतु मैं जानता था कि मैं अपने ईश्वर से मिलने के लिये तैयार था।

यह कहा जाता है कि महत्व इस बात का नहीं है कि कोई आदमी किस तरह मरता है, बल्कि इस बात का है कि वह किस तरह जीता है और मैंने महसूस किया कि मैंने जीवन को पूरी तरह जिया है। मैंने अपने लिये जितने लक्ष्य निर्धारित किये थे, उनमें से ज़्यादातर मैंने हासिल कर लिये थे। मैं अपने अधिकांश सपनों को साकार होते देख चुका था। ईश्वर के साथ मेरा प्रबल व्यक्तिगत रिश्ता था। एक अद्‌भुत महिला के साथ मेरा विवाह लंबा और सफल साबित हुआ था। हमारे बच्चे और नाती–पोते स्वस्थ तथा समृद्ध थे। शारीरिक रूप से मैंने एक सक्रिय और ज़्यादातर समय स्वस्थ जीवन जिया था। मुझे बिज़नेस में सफलता का आशीर्वाद मिला था, और यह कहना कि ईश्वर ने मुझे प्रचुरता से दिया था, न्यूनोक्ति (understatement) होगी।

जब डॉ. टोमेटिस और डॉ. मैक्नेमारा ने पहली बार मेरे सबसे बड़े पुत्र डिक को हृदय प्रत्यारोपण का सुझाव दिया, तो वे मेरी स्थिति के बारे में पूरी तरह ईमानदार थे। आम तौर पर अमेरिका में लोग हृदय का दान कम देते थे। इसके बाद क्लीनिक हर आवेदक की उम्र, रक्त और टिशू टाइप, जीवनशैली, स्वास्थ्य की वर्तमान दशा इत्यादि पर विचार करते थे। मैं सत्तर साल का था, मेरा ब्लड ग्रुप दुर्लभ था और मेरा स्वास्थ्य ख़राब था।

परंतु खोज शुरू हो गई। इसके बारे में केवल मेरे दोनों डॉक्टर, डिक और उसकी पत्नी बेट्सी ही जानते थे – यहाँ तक कि मुझे भी इस खोज के बारे में पता नहीं था। चूँकि मेरे

> यह कहा जाता है कि महत्व इस बात का नहीं है कि कोई आदमी किस तरह मरता है, बल्कि इस बात का है कि वह किस तरह जीता है और मैंने महसूस किया कि मैंने जीवन को पूरी तरह जिया है।

डॉक्टर एक ऐसा अस्पताल खोजना चाहते थे, जो मुझे हृदय प्रत्यारोपण रोगी के रूप में स्वीकार करे, इसलिये उन्होंने मेरे बारे में केवल अति आवश्यक आँकड़े ही दिये थे। मैं पैंसठ वर्ष से अधिक का डाइबिटीज़ से पीड़ित रोगी था, जिसका ब्लड ग्रुप ए.बी. पॉज़िटिव था, जिसके पहले ही दो बाईपास ऑपरेशन हो चुके थे, जो गंभीर स्टैफ़ इन्फ़ेक्शन से बाल–बाल बचा था और जिसे दिल का दौरा पड़ चुका था। मैं आँकड़ों का एक समूह था – सिर्फ़ संभावनायें। बहुत कम जुआरियों ने मुझ पर दाँव लगाया होता।

यह खोज महीनों तक चली और परिणाम निराशाजनक थे। अमेरिका का कोई भी डॉक्टर या अस्पताल मेरा केस लेने को तैयार नहीं था। आख़िर सिर्फ़ एक संभावना नज़र आई। हार्टफील्ड हॉस्पिटल, लंदन में प्रोफ़ेसर सर मैग्डी याकूब कार्डियोवैस्कुलर सर्जन थे और वे मेरा केस लेने के लिये तैयार हो गये। प्रोफ़ेसर याकूब ट्रांसप्लांट रिसर्च के क्षेत्र में अग्रणी विशेषज्ञ थे। उन्होंने लगभग एक हज़ार ट्रांसप्लांट ऑपरेशन किये थे और वे लगातार चुनौतीपूर्ण मामलों की तलाश में रहते थे, जो उन्हें नई या दुर्लभ परिस्थितियाँ प्रदान कर सकें।

संयोग से प्रोफ़ेसर याकूब का नाम सामने आने के कुछ समय बाद ही डिक एक बिज़नेस मीटिंग में भाग लेने के लिये स्कॉटलैंड गया। परिवार में किसी और को बताये बिना ही वह स्कॉटलैंड का ट्रिप पूरा होते ही लंदन चला गया। डिक चार्ट, रिकॉर्ड, टेस्ट रिज़ल्ट और फ़ोटोग्राफ़ लेकर प्रोफ़ेसर याकूब से मिला। अमेरिका की तरह ही यहाँ भी डिक ने मेरी आर्थिक हैसियत नहीं बताई। उसने सिर्फ़ मेडिकल जानकारी दी।

प्रोफ़ेसर याकूब ने ट्रांस्प्लांट के लिये तो "हाँ" नहीं की, परंतु वे इस बात के लिये राज़ी हो गये कि उन्हें मेरी प्रोग्रेस रिपोर्ट्स भेजी जायें। उन्होंने यह संकेत भी दिया कि मैं

सौभाग्यशाली हूँ, जो मेरा ब्लड ग्रुप इतना दुर्लभ है। उस अस्पताल में इसी टाइप के हृदय आम तौर पर उपयोग न हो पाने के कारण बर्बाद हो जाते थे। उन्होंने कहा कि अगर मेरा ब्लड ग्रुप दुर्लभ नहीं होता, तो मेरे पास ट्रांस्प्लांट ऑपरेशन का उम्मीदवार होने का कोई अवसर नहीं था, दूर–दूर तक नहीं था।

डिक को विश्वास था कि अगर प्रोफ़ेसर याक़ूब मुझसे मिल लें, तो शायद प्रभावित होकर वे सकारात्मक निर्णय ले सकते हैं। जब डिक ने प्रोफ़ेसर याक़ूब को फोन पर यह सुझाव दिया, तो डॉक्टर मुझसे मिलने के लिये तैयार हो गये। अब पहली बार डिक और बेट्सी ने डॉक्टर टोमेटिस और मैक्नेमारा के साथ मिलकर मुझे वह रहस्य बताया, जो वे दो साल से छुपा रहे थे। मैंने भी हृदय प्रत्यारोपण के बारे में विचार किया था, क्योंकि यही इकलौता यथार्थवादी विकल्प था, परंतु मैंने इस बारे में ज़्यादा दूर तक नहीं सोचा था। अब मेरे डॉक्टर और मेरे परिवार के लोग मेरे सामने इसे एक संभावना के रूप में प्रस्तुत कर रहे थे।

उन्होंने कहा कि अगर मेरा ब्लड ग्रुप दुर्लभ नहीं होता, तो मेरे पास ट्रांस्प्लांट ऑपरेशन का उम्मीदवार होने का कोई अवसर नहीं था, दूर-दूर तक नहीं था।

जनवरी 1997 में अपने दो छोटे पुत्रों डैन और डग के साथ हेलन तथा मैं लंदन पहुँच गये, जहाँ मैंने चार दिनों तक चलने वाले टेस्ट झेले। पहले दिन प्रोफ़ेसर याक़ूब ने हम सबको अपने ऑफ़िस में व्यक्तिगत चर्चा के लिये बुलाया। उन्होंने मेरा मेडिकल रिकॉर्ड देखा और मेरी स्थिति की पुष्टि की। परंतु इतना ही काफ़ी नहीं था। वे सिर्फ़ विज्ञान के बारे में ही चिंतित नहीं थे। वे जानना चाहते थे कि क्या मुझमें जीवित रहने की इच्छा थी। हृदय प्रत्यारोपण मेडिकल तकनीक से अधिक बड़ी चीज़ है; यह चरित्र और इच्छाशक्ति का इम्तहान है। जो लोग इसके बाद ज़िंदा रहते हैं, उनमें आंतरिक शक्ति और ज़िंदा रहने के लिये संघर्ष करने की क्षमता होती है। बीस मिनट तक उनकी बातें सुनने और उनसे बात करने के बाद मैंने उनके अनकहे सवाल का जवाब देते हुए कहा, "हाँ, मैं

यह कर सकता हूँ।" वे एक पल के लिये ठहरे और इसके बाद बोले, "ओ.के.। मैं आपका केस ले लूँगा।"

मेरे डॉक्टरों के लिये यह एक आश्चर्यजनक सफलता थी कि उन्हें एक ऐसा डॉक्टर मिल गया, जो मेरे हृदय प्रत्यारोपण का केस लेने के लिये तैयार हो गया। बहरहाल इस बात की कोई गारंटी नहीं थी कि प्रत्यारोपण हो ही जायेगा। ज़ाहिर है, दूसरा क़दम था उचित हृदय का मिलना – जो एक मुश्किल काम था, जब आप दानदाताओं की कमी, सही ब्लड ग्रुप और सही टिशू ग्रुप के बारे में विचार करते हैं। स्थिति को अधिक जटिल बनाते हुए एक टेस्ट में यह पता चला कि मेरे साथ बढ़े हुए हार्ट प्रेशर की समस्या भी थी। मेरा हृदय क्रोनिक ईडेमा (मेरे फेफड़ों और दूसरे ऊतकों में द्रव के संग्रह) से उबरने के लिये जूझ रहा था और इस वजह से मेरे हृदय का दाहिना हिस्सा बड़ा हो गया था। इसका अर्थ यह था कि बाक़ी सभी शर्तें पूरी करने के अलावा दानदाता के हृदय में बड़ा दायाँ निलय भी होना चाहिये। इससे संभावनायें और धुँधली नज़र आने लगीं। चूँकि मैं अमेरिकी नागरिक था, इसलिये वह हृदय ऐसा होना चाहिये कि इंग्लैंड का कोई नागरिक उस हृदय का उपयोग न करना चाहे।

हृदय प्रत्यारोपण मेडिकल तकनीक से अधिक बड़ी चीज़ है; यह चरित्र और इच्छाशक्ति का इम्तहान है। जो लोग इसके बाद ज़िंदा रहते हैं, उनमें आंतरिक शक्ति और ज़िंदा रहने के लिये संघर्ष करने की क्षमता होती है।

चूँकि हमें ऐसी जगह रुकना था, जहाँ से हम एक घंटे के भीतर अस्पताल पहुँच सकें, इसलिये हेलन और मैं लंदन के एक होटल में ठहर गये और सही हृदय के मिलने का इंतज़ार करने लगे। डिक, डैन, चेरी और डग तथा उनके परिवार बारी–बारी वहाँ हमसे मिलने आते रहे। हर दिन चौबीसों घंटे मैं या तो अपने पेजर को पहने रहता था या उसे अपने आसपास ही रखता था। कोई नहीं जानता था कि हृदय कब मिलेगा, परंतु अगर या जब ऐसा हो, तो अवसर

की खिड़की बहुत छोटी थी। दानदाता का हृदय जितनी ज़्यादा देर तक उसके शरीर से बाहर रहेगा, दूसरे शरीर को उसे स्वीकार करने में उतनी ही मुश्किल होगी। हृदय सिर्फ़ चार घंटे तक ही शरीर से बाहर रखा जा सकता है। हमें बस इतना करना था कि हम आसपास ही बने रहें और इंतज़ार करें। इस बीच मेरा स्वास्थ्य बिगड़ रहा था। मैं दिनोंदिन कमज़ोर होता जा रहा था।

आख़िर पाँच महीने इंतज़ार करने के बाद अस्पताल से फोन आया। एक हृदय मिल गया था, परंतु परिस्थितियाँ बहुत असामान्य थीं। अस्पताल में 39 साल की एक महिला रोगी को फेफड़े के प्रत्यारोपण की आवश्यकता थी। ऐसे मामलों में सर्जन नये हृदय और फेफड़े को एक यूनिट की तरह एक साथ प्रत्यारोपित करना बेहतर समझते हैं। फेफड़े अपने मौलिक हृदय के साथ ज़्यादा अच्छे ढंग से काम करते हैं और ऑपरेशन भी कम जटिल होता है। अस्पताल ने उस महिला के लिये हृदय और फेफड़ा खोज लिया था, जो एक कार दुर्घटना में मरे हुए युवक का था। उस महिला का स्वस्थ हृदय अब उसके किसी काम का नहीं था।

प्रोफ़ेसर याकूब का विचार था कि उस महिला का हृदय मेरे लिये ठीक रहेगा, हालाँकि वे तब तक कुछ भी यक़ीन से नहीं कह सकते थे, जब तक कि सर्जिकल टीम उसे बाहर न निकाल ले। परंतु घटनाओं की श्रृंखला में सबसे चमत्कारी बात यह थी कि उस महिला के फेफड़ों की समस्या के कारण उसके हृदय का दाहिना निलय फैल गया था। उसका हृदय उसके क्षतिग्रस्त फेफड़ों के दबाव को कम करने के लिये फैल गया था। उसके हृदय के असामान्य आकार की वजह से यह किसी और के लिये उपयोगी नहीं था, परंतु मेरे लिये यह आदर्श था। ईश्वर सचमुच छोटी–छोटी चीज़ों पर ध्यान देता है।

मैं रोमांचित भी था और भयभीत भी। पहली बार ओपन हार्ट सर्जरी करवा रहे रोगी की मृत्यु दर एक प्रतिशत होती है। हालाँकि ऑपरेशन बड़ा होता है, परंतु इसमें रोगी के बचने की 99 प्रतिशत संभावना रहती है। दूसरी या तीसरी ओपन हार्ट सर्जरी में संभावना 50-50 रह जाती है। मेरे मेडिकल इतिहास को ध्यान में रखते हुए मेरे बचने की 50 प्रतिशत से भी कम संभावना थी।

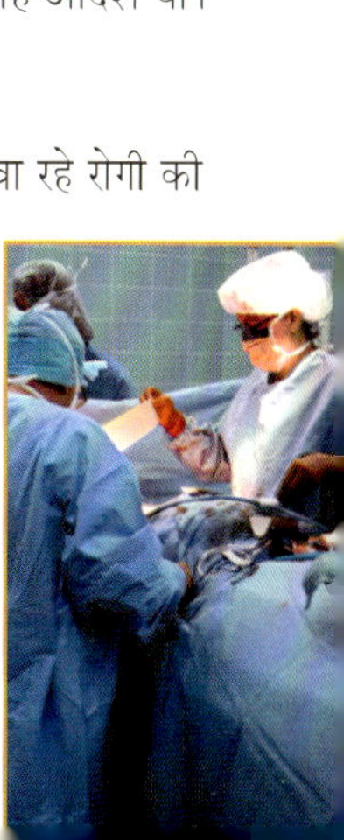

मैं थका हुआ भी था और प्रफुल्लित भी; डरा हुआ भी था और

आशावान भी। हार्टफील्ड हॉस्पिटल अब मेरे लिये जानी–पहचानी जगह थी और मैं वहाँ अपनी पीठ के बल स्ट्रेचर पर लेटा हुआ था। मैं सिर्फ़ ऊपर से आ रही बिजली की चौंधियाती रोशनी को देख सकता था। मैं अपने शरीर के भार को महसूस कर सकता था, क्योंकि मैं जानता था कि मैं एक ऐसे कमरे में जा रहा था, जहाँ मेरा मरता हुआ हृदय मेरे सीने से निकाल लिया जायेगा। अगर सब कुछ ठीक रहता है, तो मुझे नया जीवन मिल जायेगा, जैसे किसी पुरानी कार में नया कार्बोरेटर लगा दिया जाता है। अगर ऐसा नहीं होता, तो मैं एक दूसरे स्थान पर पहुँच जाऊँगा – वह स्थान जिसका नाम मुझे मालूम था, "स्वर्ग", जहाँ ईश्वर है।

यह कहने की ज़रूरत नहीं है कि मैं बच गया। परंतु यह मुश्किल था। मैंने जितनी कल्पना की थी, यह उससे ज़्यादा मुश्किल था। हृदय प्रत्यारोपण एक दर्दनाक अनुभव है, परंतु उसके बाद की पीड़ा तो उससे भी कष्टकारी है : दर्द, दवाओं के कारण आने वाले दुःस्वप्न, अर्ध–जाग्रत दृष्टिभ्रम, संक्रमण का डर, मेरे शरीर द्वारा नये अंग को अस्वीकार कर दिये जाने का डर। मैं बच गया, परंतु उसमें विजय के उल्लास जैसी कोई भावना नहीं थी। मैं पूरी तरह से आश्वस्त नहीं था। कुछ समय तक मैंने अपना स्वाभाविक आशावाद और हास्यबोध खो दिया। परंतु धीरे–धीरे मैं दुबारा सामान्य हो गया।

फिर एक दिन जब मैं अस्पताल के हॉल में धीरे–धीरे चल रहा था और अपने दर्द कर रहे शरीर को फिर से चलाने की कोशिश कर रहा था, तो मेरी मुलाक़ात एक महिला रोगी से हुई। उसने पूछा, "आपके शरीर में नया हृदय लगाया गया है?" यह अनुमान लगाना आसान था, क्योंकि हम दोनों ही हृदय प्रत्यारोपण वार्ड में थे।

"हाँ," मैंने कहा।

"कब," उसने पूछा। "किस दिन, किस समय, बिलकुल ठीक–ठीक बतायें, यह हृदय आपको कब मिला?"

मैंने उसे बता दिया।

वह एक पल रुकी और फिर मुस्कराई। "आपके शरीर में मेरा हृदय लगाया गया है!"

क्या चमत्कार था! हाल ही में मेरे शरीर में नया हृदय लगाया गया था और मैं दानदाता

से बातें कर रहा था। वह ज़िंदा थी, स्वस्थ थी और अपने ख़ुद के चमत्कार से उबर रही थी। हम दोनों ही जीवित थे! इस तरह की संभावना की कल्पना कौन कर सकता था?

मेरे प्रत्यारोपण के तीन सप्ताह बाद मुझे अस्पताल से छुट्टी दे दी गई। आध्यात्मिक रूप से अंधे लोग ही यह नहीं देख पायेंगे कि मेरी परिस्थितियों को सुधारने में ईश्वर का हाथ था। परंतु एक सवाल रह गया था: मैं ही क्यों? हर दिन लोग दानदाता के अंग का इंतज़ार करते हुए मर जाते हैं। मैं जानता था कि जो हृदय मुझे मिला था, उसे अगर मुझमें नहीं लगाया जाता, तो उसे फेंक दिया जाता। उसका इस्तेमाल कोई दूसरा नहीं कर सकता था। परंतु मुझे फिर भी अपराधबोध हो रहा था। मैं जीवित था। मैं उस अस्पताल से एक नया हृदय और एक नया जीवन लेकर बाहर निकला, जबकि बाक़ी लोग अब भी अनिश्चितता और पीड़ा झेल रहे थे। आख़िरकार, मेरे पास इस चमत्कार का सिर्फ़ एक ही स्पष्टीकरण था: ईश्वर की कृपा – और कुछ नहीं।

ईश्वर की कृपा सबसे निराशाजनक स्थितियों में भी आशा प्रदान करती है।

'आपके शरीर में मेरा हृदय लगाया गया है!' क्या चमत्कार था! हाल ही में मेरे शरीर में नया हृदय लगाया गया था और मैं दानदाता से बातें कर रहा था।

उपसंहार

असफलता का डर हमें सफलता की कोशिश
करने से रोकता है।

हारने का डर हमें जीतने की कोशिश करने से
रोकता है।

लोग क्या सोचेंगे, इस बात का डर हमें बहादुरी
से आगे क़दम बढ़ाने से रोकता है।

मखौल उड़ने का डर हमें ईसामसीह में अपनी
आस्था की घोषणा करने से रोकता है।

सबसे बड़ी बात, डर आशा का गला घोंट देता है।

रिच डेवॉस

हृदय प्रत्यारोपण के ऑपरेशन के बाद प्रफुल्लित रिच डेवॉस ग्रांड रैपिड्स, मिशिगन में अपने परिवार, मित्रों और साथियों के साथ एक विशेष 'होमकमिंग' पार्टी में।

उपसंहार

मेरा ट्रांस्प्लांट ऑपरेशन होने के बाद जब मैं अस्पताल से बाहर आ गया, तब भी ख़तरा पूरी तरह टला नहीं था। मेरा शरीर अब भी मेरे हृदय को अस्वीकार कर सकता था। शुरुआत में तो मैं हर दिन इसी के बारे में सोचता रहता था। मैं अस्वीकृति या रिजेक्शन के डर को लेकर चिंतित रहता था। परंतु जब कई सप्ताह गुज़र गये और मेरे शरीर ने हृदय को अस्वीकार नहीं किया, तो मैं राहत महसूस करने लगा। ट्रांस्प्लांट के तीन महीने बाद डॉक्टरों ने कहा कि अब इस बात की अच्छी संभावना है कि मेरा शरीर हृदय को स्वीकार कर लेगा।

उस दौरान मेरा एक पोता प्रार्थना किया करता था, "हे ईश्वर, दादाजी के शरीर की मदद करो, ताकि वह उनके नये हृदय को स्वीकार कर ले।" ईश्वर ने उसकी और अन्य लोगों की प्रार्थनायें सुन लीं। मेरे नये हृदय को लगे अब तीन साल हो चुके हैं, परंतु अब भी यह अच्छे तरीक़े से काम कर रहा है।

मैंने अपने ट्रांस्प्लांट अनुभव से जो सबसे बड़े सबक़ सीखे, उनमें से एक रिजेक्शन के डर के बारे में था। और मुझे अक्सर यह सबक़ याद आ जाता है, क्योंकि रिजेक्शन या अस्वीकृति मेरे जीवन में अब भी एक तत्व है। मैं हर दिन एंटी–रिजेक्शन दवा लेता हूँ। और जब मैं इस बारे में सोचता हूँ, तो मुझे यह एहसास होता है कि किस तरह डर लोगों को बहुत से काम करने से रोकता है।

असफलता का डर हमें सफलता की कोशिश करने से रोकता है।

हारने का डर हमें जीतने की कोशिश करने से रोकता है।

लोग क्या सोचेंगे, इस बात का डर हमें बहादुरी से आगे क़दम बढ़ाने से रोकता है।

मखौल उड़ने का डर हमें ईसामसीह में अपनी आस्था की घोषणा करने से रोकता है।

सबसे बड़ी बात, डर आशा का गला घोंट देता है।

कोई कारण है कि मैं अब भी यहाँ हूँ और इसमें डर का कोई हाथ नहीं है। मैं जानता हूँ कि ईश्वर का इस धरती पर अब भी मेरे लिये कोई उद्देश्य होगा और कोई योजना होगी – ताकि मैं अपने जीवन में कुछ और हासिल कर सकूँ तथा अपनी आस्था को दूसरे लोगों तक पहुँचा सकूँ। यह भी एक कारण है, जिस वजह से मैंने यह पुस्तक लिखी है।

मुझे आशा है कि मेरे जीवन के कुछ अनुभवों को बाँटने से और मेरे द्वारा सीखे सबक़ बताने से मैंने आपको आशा का संदेश दे दिया है। मेरे दिल से निकली आशा अब आपके दिल तक पहुँच गई है। और मैं यह भी चाहता हूँ कि मैं आपके लिये सर्वश्रेष्ठ डर–विरोधी दवा छोड़ जाऊँ, जिसके बारे में मैं जानता हूँ। यह है ईसामसीह में "आशा का भाव," जो दुनिया के सारे डरों को जीत सकता है।

The Planisphere
Frozen Zone
Temperate
Zone
Burnt
INDIA
Equinoxial
Colure
Colure
New
Holland
The Antarctick Circle
The Tropick of Capricorn
Ecliptick or Line
Solstitial
THE SOUTH POLE
Dutch Discovery